DIE HIMMELSLEITER

Der Autor. *Prof. DDr. Johannes Huber* studierte Theologie und Medizin. Von 1992 bis 2011 war er Leiter der klinischen Abteilung für gynäkologische Endokrinologie im Wiener Allgemeinen Krankenhaus. Er ist in Wien als Arzt tätig, seine Vorträge und Bücher machten ihn im gesamten deutschsprachigen Raum bekannt.

Mehr Bäume. Weniger CO_2.
www.cpi-print.de/umwelt

MIX
Papier aus verantwortungsvollen Quellen
FSC® C083411
www.fsc.org

Johannes Huber
Die Himmelsleiter

www.edition-a.at

Cover: Bastian Welzer
Satz: Isabella Starowicz

Gesetzt in der Ingeborg
Gedruckt in Deutschland

1 2 3 4 5 — 25 24 23 22

ISBN 978-3-99001-595-7

JOHANNES HUBER

DIE HIMMELSLEITER

Der wahre Sinn unseres Lebens auf Erden

Unter Mitwirkung von
Thomas Köpf & Andrea Fehringer

edition a

INHALT

Erster Teil
Im Lichtschein der Himmelsleiter
15

Zweiter Teil
Thomas von Kempens
mystisches Werk
59

Dritter Teil
Die profane Leiter und
die Kirche als Sündenbock
225

WAS SIE ERWARTET

Dieses Buch ist geschrieben, um Hoffnung zu geben, durch etwas, dem wir uns nur mit bescheidenen Mitteln nähern können. Es handelt von der Himmelsleiter als Sinnbild für den möglichen geistigen Aufstieg des Menschen in eine Seinsform, die weit über der allgemeinen Vorstellungskraft liegt und in die Ewigkeit reicht. Seit Jahrtausenden zeigen Überlieferungen den Weg zu diesem Ziel. Zeichen und Andeutungen, Schriften und Symbole dafür finden sich in der Geschichte, in der Kunst, in der Liturgie, in der gesamten Ausrichtung des menschlichen Erfahrungsschatzes.

Im Mittelpunkt des Buches steht ein Mystiker aus dem Mittelalter, der im 15. Jahrhundert unter dem Titel *De imitatione Christi* eine Art Gebrauchsanweisung für die Himmelsleiter schrieb. Nicht alle werden sie kennen, und doch ist sie das meistgelesene christliche Werk nach der Bibel. Thomas von Kempen schrieb es in der Stille eines Klosters und erreichte zu seiner Zeit und weit darüber hinaus Millionen Menschen damit.

Marie-Antoinette, die österreichische Frau des französischen Königs Ludwig XVI., und der von den Nazis ermordete Theologe, Autor und Poet Dietrich Bonhoeffer lasen es, beide vor ihrer Hinrichtung, wohl weil es dem Blick in die Ewigkeit Anhaltspunkte zu geben vermag. Auch für Ignatius von Loyola, Mitbegründer des Jesuitenordens *Gesellschaft Jesu*, der 1622 heiliggesprochen wurde, war es ein ständiger Begleiter.

De imitatione Christi, was so viel wie *Über die Nachfolge Christi* bedeutet, sollte ursprünglich Geistlichen den spirituellen Weg in eine höhere Dimension zeigen. Es ist aber auch ein Meditationsbuch und eine Inspiration zur Gelassenheit, die uns gerade in Zeiten wie diesen nützlich sein kann. Denn erkennen wir, worum es im Leben wirklich geht, dann verliert all der gerade jetzt manchmal so bedrohliche Lärm rund um uns an Lautstärke.

Thomas von Kempens Werk, das sich lange hinter einer aus heutiger Sicht unerträglich frömmlerischen und pathetischen Sprache versteckte, erklärt, wie wir als Menschen Erleuchtung erlangen, über unser triviales Sein hinausreichen, Teil von etwas Größerem werden und es auch über unseren Tod hinaus bleiben können. Niemand verstand es jemals besser als Thomas von Kempen, dies in Worte zu fassen.

Seine Gedanken kreisen teils repetitiv um die Selbstüberwindung als wesentlicher Teil des Weges die Himmelsleiter empor. *Der vollkommene Sieg besteht darin, über sich selbst zu herrschen,* schreibt er. *Wer sich selbst überwindet und sein Ego loslässt, überwindet und überragt die ganze Welt.*

Wie das zu schaffen ist, dafür macht er seinen Leserinnen und Lesern Vorschläge. *Besonders hilfreich ist es, dich beim Essen und Trinken zurückzuhalten, dann fällt es dir auch leichter, in anderen Lebensbereichen diszipliniert zu sein,* schreibt er zum Beispiel.

Während er erklärt, wie wir Belastungen als Prüfungen betrachten und uns über sie sogar freuen können, motiviert er an jeder Stelle, zum Beispiel so: *Für die Suchenden schimmert der Tag der Erleuchtung bereits in seiner ganzen Klarheit. Sie erblicken seinen Glanz aus der Ferne und wie in einem Spiegel.*

Thomas von Kempens verbale Magie hat nichts an Wirkung eingebüßt. Zumal, wenn wir erkennen, dass die heute etwas in Verruf geratene christliche Symbolik, derer er sich bedient, nur eine von vielen ist, die es erlauben, tiefe, alle Religionen und Philosophien übergreifende Antworten zu geben. Was genau ist die Himmelsleiter? Wo steht sie? Wie erklimmen wir sie? Wohin führt sie? Was ist Erleuchtung? Darum geht es.

Thomas von Kempens Originaltext ist hier für Sie gekürzt und an eine zeitgemäße Sprache herangeführt. An einigen Stellen, vor allem am Anfang, wo es gilt, sich an seine Ausdrucksweise zu gewöhnen, finden sich persönliche Gedanken zum Text in Form von Kommentaren. Sie sollen Ihnen helfen, das Werk mit unserem modernen, von Wissenschaft, Philosophie und Kunst viel stärker als von Religion geprägten Weltbild in Einklang zu bringen.

Doch zuvor erwartet Sie eine Art Aufwärmrunde. Wir beschäftigen uns darin mit der geheimnisvollen Symbolik der Himmelsleiter im Christentum und in anderen Religionen. Dabei geht es auch um Hinweise auf die Existenz von Wirkmächten und Abläufen, die wir mit unseren Sinnen nicht wahrnehmen und in unsere vertraute Vorstellung von der Welt nicht einordnen können.

Die Naturwissenschaft diente lange dazu, uns ihre Existenz und damit auch die transzendenter Wirklichkeiten auszureden. Doch die spekulative Physik des 20. Jahrhunderts relativierte diese negative Beweisführung, die darauf beruht, dass etwas, das nicht nachweisbar ist, nicht existieren kann. Große Geister wie Albert Einstein, Erwin Schrödinger, Werner Heisenberg, Wolfgang Pauli, Max Planck und andere öffneten auch wissenschaftlich den Horizont für das Übergeordnete und die Ewigkeit.

Wir können mit ihren Erkenntnissen trotzdem nicht die Existenz eines Weltenbaumeisters oder, wie ihn Thomas von Kempen nennt, eines Schöpfers belegen, so verlockend das auch wäre. Wir können aber festhalten, dass der Glaube an seine Existenz nicht mehr nur aus emotionalen, sondern auch aus rationalen Gründen redlich erscheint. Wenn Sie das anschließend bei der Lektüre von *De imitatione Christi* bedenken, bekommt das Werk noch einmal einen anderen Klang. Vielleicht berührt es so in manchem jene Saiten, die uns fast automatisch weiterbringen, wenn sie einmal zu schwingen begonnen haben.

Der abschließende Teil des Buches zeigt dann, wie und warum es der Kirche nie so richtig gelang, die schöne, tröstliche und zu einem besseren Leben inspirierende Erzählung von der Himmelsleiter unter die Menschen zu bringen. Im Gegenteil, sie ließ sich die Leiter, die in der Bibel die Bezeichnung »Jakobsleiter« trägt, von profanen Ideologen sozusagen aus der Hand nehmen. Was dazu führte, dass sie nicht mehr in den Himmel reicht, sondern horizontal ins reine Diesseits eingebettet ist und so auch jene, die sie beschreiten wollen, mit irdischem Tand statt mit Erkenntnis belohnt. Dieser dritte Teil zeigt auch, wie diese Ideologen die Kirche, für deren wahren spirituellen Kern die Himmelsleiter steht, erfolgreich verunglimpft haben und auch weiterhin verunglimpfen. Hier möchte ich einige dabei entstandene Irrtümer korrigieren und historische Schieflagen geraderücken.

Dieses Buch will dazu beitragen, tiefe, aus dem Mittelalter in unsere Zeit heraufklingende Wahrheiten verständlich zu machen. Als Möglichkeit. Als Versprechen, dass es Erleuchtung und ein Leben in einer anderen Dimension gibt, eins, zu dem wir durch innere Anstrengung vordringen können und das wir uns zunächst nicht vorstellen können, weil es ein Mysterium in einem Zustand ohne Zeit und Raum ist.

Nennen wir es Ewigkeit oder Unsterblichkeit. Doch der Weg dorthin beginnt nach Meinung des großen Mystikers Thomas von Kempen nicht automatisch mit dem Tod, sonst hätte er sich wohl nicht erst in das Skriptorium, die klösterliche Schreibstube, zurückgezogen, um sich bei Kerzenlicht mit einem Gänsekiel und Eisengallus-, Dornrinden- oder Russtinte ans Werk zu machen. Der Weg beginnt immer jetzt und die wahren Privilegierten auf dieser Welt sind jene, die ihn erkennen und den Fuß heben, um ihn auf die erste Stufe der Leiter zu setzen.

Ich wünsche eine inspirierende Lektüre!

Johannes Huber,
Herbst 2022

We are climbing Jacob's ladder
We are climbing Jacob's ladder
We're brothers, and sisters, all
Every rung goes higher and higher
Every new rung just makes us stronger
Yeah, we are climbing Jacob's ladder

(Wir erklimmen Jakobs Leiter
Wir erklimmen Jakobs Leiter
Wir sind Brüder und Schwestern, alle
Jede Sprosse führt höher und höher
Jede neue Sprosse macht uns stärker
Ja, wir erklimmen Jakobs Leiter)

Bruce Springsteen in seinem 2006 für das Album »The Seeger Sessions« aufgenommenen Song Jacob's Ladder.

ERSTER TEIL

IM LICHTSCHEIN DER HIMMELSLEITER

Wie viele Dimensionen hat die Welt? Die modernen Naturwissenschaften zeigen, dass wir nur einen winzigen Teil der Wahrheit sehen, und stärken ein Weltbild, in dem alles relativ ist, alles Illusion, selbst die Zeit, und alles eins. Einige lose Gedanken zur Vorbereitung auf die magische Wucht von Thomas von Kempens Anweisungen für den Weg nach oben.

Wenn wir unseren inneren Blick nach oben richten, kann sich uns eine Welt jenseits dessen erschließen, was wir als Leben kennen. Das große Unbekannte, ein lichtweißes Mysterium. Der Aufstieg ist denkbar über eine Leiter der Hoffnung. Sprosse für Sprosse geht es nach oben, eine Stufe nach der anderen, bis zur letzten Sprosse, an die Spitze. In eine Daseinsform, die weder Zeit noch Raum noch Materie kennt.

Die Himmelsleiter, ein Gleichnis, das Menschen vieler Kulturen und Religionen über die Jahrhunderte in ihrer Spiritualität verbindet, ist ein Sinnbild für unseren Einzug in die Ewigkeit, der uns nicht in den Schoß fällt, sondern der einen Prozess der Erkenntnis, der Bewusstwerdung und des inneren und äußeren Beobachtens voraussetzt.

Ein Bild des Lichtes

In der Geschichte der Menschheit und im Leben an sich gibt es Ereignisse, die wir als merkwürdige Zufälle abtun oder als Symbole begreifen können. So ein Ereignis datiert mit dem 6. April 1520. Da starb 37-jährig der berühmteste Maler der Renaissance, Raffaello Sanzio da Urbino.

Dem Datum haftet etwas Besonderes an, denn der 6. April war nicht nur Raffaels Sterbetag, sondern auch sein Geburtstag. In diesem Jahr fiel noch dazu der Karfreitag auf den 6. April. Jener Tag, an dem der Heilsbringer sein Leben ließ, um sich der Auferstehung zu nähern. Dazu kam auch noch, dass Raffael während der Fertigstellung seines letzten Werkes starb, das ebenfalls mit diesem Tag in Beziehung steht. Dieses Gemälde, das der Dichterfürst Johann Wolfgang von Goethe während seiner Italienreisen als das schönste Bild der Malerei einstufte, heißt *Transfiguration*. Es stellt den Übergang vom Leben in eine andere Seinsform dar.

Ein Datum als Hinweis, als Raffaels intrinsischer Fingerzeig auf etwas, das er der Nachwelt hinterlassen wollte, auf die Möglichkeit, die er »Transfiguration« nannte. Als würde er mit allem, was ihn ausmachte, über seinen Tod hinaus sagen wollen: Seht her, was es im Leben anzustreben gilt, was möglich ist, was so wesentlich ist, dass es den Lebenssinn jedes Menschen, der es einmal erkannt hat, definieren muss.

Das Meisterwerk zeigt Jesus mit seinen Jüngern am Berg Tabor, wo ein Orakel stand. Wo die Menschen versuchten, in die Zukunft zu blicken. Ebendort beginnt Jesus auf dem Gemälde, in eine andere Seinsweise einzutreten.

Als würde er auf einer unsichtbaren Leiter der Schwerkraft entrücken, schwebt er nach oben. Zwei der Apostel, die bei ihm sind, nimmt er mit auf diese Reise. Was eines der vielen mystischen Dinge ist, von denen uns in diesem Buch noch mehr begegnen werden und über die wir für uns nachdenken und dabei an ihnen wachsen können: Warum hat er diese beiden Wegbegleiter mitgenommen? Wie konnten sie mitkommen?

Auf dem Bild geht es spektakulär auch um Licht. Es tut sich am Himmel auf und Jesus scheint eins damit zu werden. Er scheint eine energetische Form anzunehmen und in eine in reines Licht gehüllte Dimension einzutreten, während die anderen geblendet zurückbleiben.

Klarerweise hatte Raffael keine Ahnung von Quantenphysik. Doch heute lehrt uns diese wissenschaftliche Disziplin, dass Licht nachweisbare Bestandteile hat, kleine Teilchen ohne Ruhemasse, also ohne Gewicht, die aus dem uns vertrauten Konzept von Zeit herausfallen. Sie sind zeitlos, sie vergehen nicht, und das Wissen über sie mehrt sich wie alles Wissen. Quantenphysikalisch betrachtet können wir sie, die Photonen, als Teil einer Ewigkeit betrachten, die in unsere Wirklichkeit hereinreicht.

Wir könnten sagen: Photonen kommen vom Jenseits, manifestieren sich im Diesseits und gleiten wieder ins Jenseits zurück. Der bekannte Astronom Bruno Binggeli beschreibt das in seinem Buch *Primum Mobile*. Photonen sind Lichtbringer in einem Zustand ohne Schranken. Sie unterwerfen sich nicht weltlichen Maßeinheiten wie Zeit und Raum. Sie stehen außerhalb dieser Definitionen. Sie stehen über den Dingen.

Nicht nur Raffaels Darstellung einer anderen Seinsweise ist immer mit Helligkeit verbunden. Viele große Maler verwendeten intuitiv Licht als Allegorie für das Übersinnliche.

In der tibetanischen Philosophie, der Todesmeditation, spielt ebenfalls das Licht eine wesentliche Rolle, und zwar beim sogenannten Chöd. Dieser spirituellen Praxis liegt zugrunde, dass wir in dem Moment, wenn wir in die Ewigkeit eingehen, auf der Leiter also die oberste Stufe erreicht haben, zu einem Lichtkörper werden. So steht es im tibetanischen Totenbuch. Der Mensch verwandelt sich in Photonen, könnten wir sagen, zu einer ewigen und masselosen Einheit aus Leuchten.

Dann gibt es noch den großen Physiker Wolfgang Rindler. 1924 in Wien geboren, musste er später in die USA emigrieren. Der Forscher lehrte an mehreren Universitäten, beschäftigte sich intensiv mit Kosmologie und schrieb ein Lehrbuch zur Relativitätstheorie. Eines Tages hatte er die Frage zu beantworten: Wenn das ganze Universum durch den Urknall entstand und es irgendwann zu existieren aufhören wird, was wird dann von ihm bleiben? Rindler dachte nach und antwortete sinngemäß: »Es wird über Photonen wieder in die Ewigkeit zurückkehren.«

Wie Hugo Portisch über die Ewigkeit dachte

Dazu eine persönliche Geschichte.

Ich kannte den großen Journalisten, Österreich-Erklärer und Analysten globaler Sachverhalte Hugo Portisch recht gut, seit ich sein Enkelkind zur Welt gebracht hatte. So etwas verbindet. Wir trafen uns regelmäßig bei einem Italiener im dritten Wiener Gemeindebezirk. Dort redeten wir über alles Mögliche. Hugo Portisch versuchte mir die Welt der Politik zu erklären, soweit ich sie verstehen konnte. Um die Ewigkeit machte er allerdings immer einen großen Bogen. Dies, obwohl er häufig beim Wiener Kardinal König zu Gast gewesen war. Lange schon hatte ich den Eindruck gewonnen, dass er da vielleicht etwas verdrängte. Doch einmal, als er schon in recht vorgerücktem Alter war, sah ich ihm in die Augen und fragte ihn ganz direkt: »Was glaubst du eigentlich, was passiert, wenn das Leben endet? Was könnte danach sein?«

»Darüber rede ich so ungern wie über meine Lebensversicherung«, erwiderte er. »Aber ich sage dir eines: Wenn sich dort ganz oben auf der Leiter noch etwas auftut, dann ist es völlig anders, als wir uns das vorstellen können.« Wir philosophierten weiter. Unsere Vorstellungen als endliche Wesen von der Ewigkeit sind geprägt von der Bauart unseres Gehirns, war seine wie meine Meinung. Wenn unser Gehirn anders beschaffen wäre, wenn es andere und mehr Wahrnehmungsmöglichkeiten hätte, dann wäre die Ewigkeit für uns vielleicht ein ganz normaler Raum, in den einzutreten ein ebenso hohes wie logisches Ziel wäre. Kein Wunder, dass die Science-Fiction-Literatur seit jeher um dieses Thema kreist.

Portischs Formulierung, die bei mir hängenblieb, war aber jene: »ganz oben auf der Leiter«. Auch die vielleicht vom vorgerückten Alter inspirierte Neigung zur Transzendenz dieses großen Wissenden machte sich ganz selbstverständlich an diesem Bild fest. Auf welcher Stufe er sich damals wohl befand?

Ein guter Freund Hugo Portischs war der österreichische Maler Arik Brauer. Als er starb, übermittelte seine Familie seine letzten Worte. »Ich war so glücklich mit meiner Frau, mit meiner Familie, mit meiner Kunst und meinem Wienerwald«, lauteten sie. »Aber es gibt eine Zeit, da lebt man, und es gibt zwei Ewigkeiten, da existiert man nicht.«

Zwei Ewigkeiten, unterbrochen von unserem irdischen Dasein, das in Wirklichkeit zu nichts anderem dienen mag, als die Seele für die zweite zu erhöhen.

Vielleicht noch ein Detail am Rande: Professor Heinz Nußbaumer, ebenfalls ein Freund von mir und einst Pressesprecher des österreichischen Bundespräsidenten Thomas Klestil, war mit Hugo Portisch enger befreundet als ich. Nachdem Portisch gestorben war, kümmerte sich Nußbaumer um seinen Nachlass und bekam vom Wiener Bürgermeister Heinz Ludwig den Auftrag, ein Ehrengrab für ihn zu finden, schließlich war Portisch Ehrenbürger der Stadt.

Nußbaumer fuhr zum Zentralfriedhof und begutachtete das vorgesehene Grab. Es lag abseits. Wie er so bei den Ehrengräbern auf und ab ging und die berühmten Namen auf den Steinen las, sah er, dass noch ein weiteres Grab frei war, genau neben der letzten Ruhestätte Arik Brauers. Nußbaumer rief den Bürgermeister an und erwirkte, dass die beiden Freunde zu Lebzeiten fortan nebeneinander auf dem Zentralfriedhof ruhen würden, sozusagen Tür an Tür. Nachbarn für immer.

Doch auch die Unvorstellbarkeit dessen, was wir über die Himmelsleiter erreichen können, ist von Portischs Formulierung bei mir hängengeblieben, und er hat natürlich vollkommen recht. Denn wie zum Beispiel sollen wir uns vorstellen, dass es keine Zeit mehr gibt? Und trotzdem ist Zeit nichts anderes als ein Fantasiegebilde unseres Gehirns.

Zeit existiert für uns als Maßeinheit für einen scheinbar linearen chronologischen Ablauf der Dinge seit dem Urknall. Sie existiert also, seit Neutronen, Protonen und Elektronen entstanden sind. Seit Materie entstanden ist. Vor 13,8 Milliarden Jahren kam es zu diesem singulären Ereignis, mit dem die Zeitrechnung begann. Aber was war davor? Davor kann nur die Ewigkeit gewesen sein.

Erst der Urknall eröffnete also jenes uns alle umgebende Segment des Lebens, das einzige, das wir kennen und wahrnehmen können, und doch ist es nur eines von vielen.

Viele Menschen verdrängen ihre Endlichkeit, wie es auch Hugo Portisch wohl lange tat. Über das Leben und das Sterben zu meditieren, verursacht ihnen Kopfschmerzen. Dabei liegt in der Himmelsleiter, wenn wir einmal erkannt haben, dass es sie wirklich gibt und dass sie schon während unserer Zeit auf der Erde die große Sache in unserem Leben ist, neben Erkenntnis, Wachstum, Erleuchtung und Erfüllung noch so viel mehr: Trost, Sinn, Hoffnung und Kraft.

Eine große Illusion

Kommen wir noch einmal zum zunächst verwirrenden Thema der Zeit zurück, dazu, dass sie bloß Illusion ist. Werfen wir dazu einen Blick ins Wiener Kunsthistorische Museum, in die Antikensammlung. Dort, im hinteren Raum, befindet sich eine Installation, eine Textseite in lateinischer Schrift, im Dunkeln an die weiße Wand projiziert. Der Inhalt beschäftigt sich mit der Vergänglichkeit und der Zeit an sich.

Die Frage stammt von einem berühmten Mann, der geboren wurde, als das römische Reich noch existierte, und der starb, als dieses Reich bereits untergegangen war, nämlich Augustinus von Hippo, meist kurz einfach Augustinus genannt. Der Kirchenlehrer stellte sich schon im vierten Jahrhundert nach Christus die Frage: Was ist das, Zeit?

Er war der Ansicht, es gäbe eine Lebenszeit und eine Weltzeit. Das war eine Vorwegnahme dessen, was wir heute aus der Physik wissen und worauf wir später noch näher eingehen werden: Die Zeit, wie wir sie kennen, sie existiert nur hier auf der Erde und für uns, sie ist eingebettet in etwas anderes, in eine Weltzeit, die für eine Ewigkeit steht, in der unsere Uhren nutzlos wären.

Die Fragen, die sich daraus ergeben, lauten: Geht unsere Lebenszeit in eine Weltzeit über? Ist der Tod Voraussetzung für den Eintritt in die Weltzeit? Wer kann in die Weltzeit eintreten? Können es alle Geschöpfe? Oder nur jene, die den Weg über die Himmelsleiter bewältigt haben? Erwartet uns in der Weltzeit der Weltenbaumeister?

Albert Einstein erkannte ähnlich wie Augustinus: Es ist der Geist, der die Zeit gebiert. Vier Wochen vor seinem Tod schrieb er einen Kondolenzbrief an die Familie seines langjährigen Wegbegleiters, des schweizerisch-italienischen Ingenieurs Michele Besso: »Für uns gläubige Physiker hat die Scheidung zwischen Vergangenheit, Gegenwart und Zukunft nur die Bedeutung einer, wenn auch hartnäckigen, Illusion.« Alles nur eine Illusion. Zeit war für diesen großen und unangefochtenen Physiker nur eine Vorstellung. Seltsam, dass diese Dinge in ihrer vollen Tragweite auf den Lehrplänen unserer Schulen fehlen. Sie würden Menschen dafür sensibilisieren, sich Fragen zu stellen, die ihr Leben verändern würden. Denn schon alleine das Nachdenken darüber rückt die Dinge des irdischen Lebens zurecht. Tatsache ist, dass wir diese Fragen nicht nur im Schulunterricht ausklammern, und so verstaubt die Himmelsleiter in der Besenkammer des Zeitgeistes vor sich hin.

Mathematisch verbriefte Tatsache bleibt, dass die Zeit nicht überall gleich schnell vergeht. Im Weltall zum Beispiel ticken die Uhren anders als auf der Erde. Weltraumforscher mussten seinerzeit die GPS-Systeme um einige Mikrosekunden umstellen, weil die sie sonst falsch geleitet hätten. Denn aufgrund der Gravitation vergeht die Zeit im All schneller als auf der Erde.

Der Kosmonaut Sergej Krikalev ist jener Mensch, der die längste Zeit im All verbrachte, genau 803 Tage, 9 Stunden und 39 Minuten. Aufgrund der Differenz im Ablauf der Zeit war er Berechnungen zufolge 0,02 Sekunden schneller als seine eigene Zukunft.

Alles ist relativ, das gilt selbst für die Zeit. Doch wenn die Trennlinien zwischen Zukunft und Vergangenheit verschwimmen, wenn Zeit keine Konstante mehr ist, dann sind wir ganz nahe an der sogenannten Alleinheit (gelesen All-Einheit). Dieser theologische Fachausdruck, der die unteilbare Einheit allen Seins beschreibt, inklusive aller Wesenheiten, Welten und Universen, lässt sich auch mit diesen drei Worten benennen: Alles ist eins. Alles, auch Vergangenheit, Gegenwart und Zukunft.

Eine der in diesem Buch entscheidenden Fragen lautet: Wenn alles eins ist, können wir dann wirklich zwischen vor und nach unserem Eintritt in die Weltzeit, in die Ewigkeit, unterscheiden? Sind auch unsere Leben sowie das Davor und das Danach ein großes Ganzes? Führt uns die Himmelsleiter an den Punkt, an dem wir das erkennen?

Blicken wir zurück auf die Geschehnisse in unserem Leben, dann denken wir an Bilder, an Abläufe und Meilensteine, an schöne Erlebnisse und auch an weniger schöne. Das subjektive Empfinden stimmt mit der objektiven Chronologie nicht überein. Unser Leben wird zu einem Konglomerat, zu einem Bild, in dem sich alles Wesentliche mehr oder weniger gleichzeitig befindet, und es wäre mühevoll, es im Sinne einer Zeitachse zu zerlegen.

Das Buch des Lebens hat irgendwann keine stringente Handlung mehr. Szenen, Jahre, Momente, Erfolge und Niederlagen verschwimmen im Wassertropfen unserer Erinnerung zu einem Schillern in allen Farben. Der menschliche Geist ist ein Wunder, das auf diese Weise vielleicht abbildet, was Augustinus mit der Weltzeit meinte.

Alles strebt nach oben

Der Homo sapiens bekam als erstes Wesen die Intelligenz, sich eine Intelligenz vorzustellen, die ihn überragt. So konnte sich der Mensch als erstes Lebewesen auch eine Verbindung zu dieser höheren Intelligenz vorstellen, in Form einer Leiter in eine neue Dimension. Der Mensch und seine grenzenlosen Gedankenwelten, eine bahnbrechende Entwicklung in der Evolution. Wir verstehen diese Dinge nicht mit unseren fünf Sinnen, wir können sie nur mit unserer Intuition, mit dem Herzen, erahnen.

Bei jeder Art von Meditation erhoffen die Meditierenden, eine höhere Ebene zu erreichen, es geht ihnen nie um eine tiefere. Alles Gedankliche strebt nach oben. Zuerst erforschen wir die Tiefen unserer selbst, aber dann blickt der Geist hinauf.

Der 1928 in Wien geborene Otto Kernberg, einer der berühmtesten Psychiater der Welt, ordiniert 94-jährig noch immer in den USA. Kernberg stellte sich ein Leben lang die Frage: Ist es so, dass wir die oberste Ebene der Leiter erfinden, wie unter anderem der deutsche Philosoph und Anthropologe Ludwig Feuerbach es meinte, oder entdecken wir sie? Obwohl Kernberg in jungen Jahren Atheist war, kam er zu dem Schluss: Der Mensch erfindet diese obere Ebene nicht. Er kann sie entdecken.

Dabei helfen ihm Hinweise, die es seit Jahrtausenden gibt. Der Turm zu Babel etwa kann als solcher gelten. Die mesopotamischen sogenannten Zikkurate, auch Himmelshügel oder Götterberge genannt, waren gestufte Tempeltürme, erbaut ab dem 5. Jahrtausend vor Christus.

Die Pyramiden, die ersten Mammut-Bauwerke der Menschheit, definierten ebenfalls den Weg nach oben an eine Spitze. Wo immer später Hochkulturen entstanden, die der Mayas oder die der Inkas, wies die Pyramidenform den Weg in eine neue Dimension. Genau wie die Himmelsleiter, die in ihrer Form in der Antike zum ersten Mal auftauchte.

Bei den ägyptischen Pyramiden war die Spitze mit Gold verziert. Immer wenn die Sonne aufging, leuchtete sie, wobei wir wieder bei Raffaels monumentalem Meisterwerk sind: Ganz oben ist Licht, mit dem wir uns zu ewigen Wesen vereinigen. Der Pyramidenspruch 207 besagt: Der Pharao steigt auf der Pyramide hinauf zum Himmelstor im Westen. Er stirbt dort nicht, er ändert nur seinen Raum.

Die Himmelsleiter in der Bibel

Das Alte Testament erwähnt die Himmelsleiter als Jakobsleiter. Es war ein sogenannter Synkretismus, ein Zusammenspiel von Ideen und Philosophien verschiedener Kulturen, jener der Ägypter, der Babylonier und auch der Hebräer in persischer Gefangenschaft. Der Monotheismus des altägyptischen Pharaos Echnaton und der große Turm Babylons vermengten sich in der biblischen Genesis zu einer Leiter.

Die dabei entstandene Szene geht so: Jakob schläft auf offenem Gelände, als er Licht bemerkt, unglaublich viel Licht. In einer Traumvision sieht er einen Weg in das Licht, der himmelwärts führt und auf dem Lichtwesen auf und ab steigen. Da ist sie, die Himmelsleiter als Verbindung zweier Welten. Engel schweben auf den Sprossen zum Zentrum des Lichts.

Der Traum Jakobs steht für den Moment im Leben eines Menschen, in dem er sich zu Höherem erhebt, genau wie in Raffaels Transfiguration.

»Leiter« ist übrigens nur eine von mehreren möglichen Übersetzungen für das in der hebräischen Urform der Bibel verwendete Wort *sullām*. Es bedeutet auch Treppe, Stiege oder Rampe.

Ein Heiliger trägt die Leiter sogar im Namen. Johannes Klimakos, genannt Johannes von der Leiter, lebte im 6. Jahrhundert als Mönch im Katharinenkloster am Berg Sinai. Sein Hauptwerk ist ein Buch mit dem Titel *Treppe zum Paradies*. Er schildert den Weg des Mönchs zur Vollkommenheit anhand von dreißig Graden, also dreißig Leitersprossen. Von seinem Namen leitet sich der Begriff *Klimakterium* ab, jene hormonelle Umgestaltung, bei der die Frau von einer Lebensphase in die nächste gelangt.

Ägypten war das Land, in dem sich hellenistisches und jüdisches Denken vereinten und christliche Wertvorstellungen entstanden. Der Brennpunkt dabei war die Hafenstadt Alexandria, ein Tummelplatz der Kulturen, ein Treffpunkt der Reichen und Gelehrten. Dort übersetzten Gelehrte das Alte Testament vom Hebräischen ins Griechische.

In Alexandria lebten auch die ersten Christen. Ihnen war die Stadt am Mittelmeer allerdings zu laut, zu hektisch. Aus Protest zogen sie sich zurück, und so entstanden die ersten Klöster. Die Gläubigen gingen von Alexandria aus in die Wüste, wurden Mönche und Eremiten, Einsiedler. Als gelebter Widerspruch zu dem enormen Reichtum, den diese Hauptstadt der Welt umhüllte. Wir könnten sagen, sie waren die ersten Hippies.

Sie zogen sich aus gutem Grund zurück, denn die Himmelsleiter befindet sich nicht im Getümmel des profanen Lebens. Sie taucht in der Tiefe der inneren Stille auf. Wer sie finden und erklimmen will, muss dorthin blicken und lauschen können. Zumindest zeitweilige äußere Stille hilft dabei.

Ein berühmter Medizinstudent

Jesus von Nazareth arbeitete als Tischler im Palast des Herodes Antipas in der neben Nazareth liegenden griechischen Stadt Sepphoris, da war er etwa 14 Jahre alt. Später ging er, wie der dem Christentum nicht freundlich gesinnte griechische Philosoph Kelsos berichtet, nach Alexandrien und studierte, was viele nicht wissen, Medizin. Alexandria verfügte damals über die berühmteste Medizinschule der Welt. Ein Verbund unabhängiger Gelehrter traf sich mit den Schülern im sogenannten *Museion*, einem strahlenden Musentempel im Stadtteil Brucheion. Dort stand ihnen eine groß angelegte Bibliothek zur Verfügung, die seinerzeit die Ptolemäer, Mitglieder einer makedonisch-griechischen Dynastie, aufgebaut hatten.

Die Alexandrinische Schule lebte von großzügigen Förderungen und verdient sich ihren Ruhm bis heute. Denn welche Universität kann von sich behaupten, den Sohn Gottes im Fach Medizin ausgebildet zu haben?

Wir dürfen uns das damalige Studium allerdings nicht wie ein heutiges vorstellen, bei dem die Studenten vier oder fünf Jahre lang Vorlesungen besuchen, Leichen sezieren und Prüfungen absolvieren. Es handelte sich vielmehr um ein Beobachtungsstudium. Die Studenten sahen zu, wie die Älteren, Erfahrenen anderen Menschen die Hand auflegten und sie auf diese Weise heilten. Sie taten das, was schon in den alt-ägyptischen Reliefs Gott Amon getan hatte, nämlich durch Handauflegen heilende Energie übertragen. Diese Handauflegung kommt im Neuen Testament oft vor, als ägyptisches Erbe.

Jesus lebte und lernte in Alexandria bis zu seinem 30. Lebensjahr, dann wurde ihm bewusst, dass er eine besondere Mission hatte. Während er im Jordan watete, öffnete sich der Himmel. »Du bist mein geliebter Sohn«, sagte Gott zu ihm.

Jesus schlussfolgerte daraus, dass er eine Offenbarung in sich trug. Er ging hinaus in die Wüste, um vierzig Tage lang zu fasten. Satan, oder wir könnten es einfach auch die profane Welt nennen, lockte ihn mit Versuchungen, doch Jesus übte sich im Widerstehen und widmete sich dabei seiner Studentenschaft. Er erklomm, könnten wir vermuten, die Himmelsleiter, die er beim Waten durch den Jordan entdeckt hatte. Wozu das führen sollte, steht bei Johannes 1,51 geschrieben: »Ihr werdet den Himmel geöffnet und die Engel auf- und niedersteigen sehen über dem Menschensohn«, heißt es da.

Clemens von Alexandrien griff die Erzählung von der Himmelsleiter im Jahr 130 n. Chr. auf, interpretierte sie mit künstlerischer Freiheit neu und arbeitete dabei die Mission heraus, die Jesus als Gottes Sohn seither erfüllt. Aus der Antike übernahm der frühchristliche, griechisch schreibende Philosoph und theologische Autor dafür die Geschichte von Orpheus und Eurydike.

Unser Jesus ist bei Clemens von Alexandrien so wie Orpheus. Er geht in die Unterwelt und holt von dort Eurydike herauf. Zu diesem Zweck verbindet er beide Welten mit einer Leiter, die sie benützen kann. Eurydike wird so zum Synonym für Suchende und Jesus Christus ist es, der sie an der Himmelsleiter erwartet. Der Begriff »Unterwelt« steht hier für die irdische Welt, die Leiter führt in die ewige.

Auch hier folgt das ewige Leben nicht erst auf das irdische. Das eine überlappt das andere, der Wandel der Seele ist zeitlos und beginnt, sobald ein Mensch bereit dafür ist.

Was ein Schüler Einsteins beim Abendessen verriet

Dazu eine persönliche Anekdote. Der österreichische Physiker Walter Thirring, mit dem ich vor einigen Jahren ein Buch geschrieben habe, war der letzte lebende Schüler Albert Einsteins. Walter Thirring machte sich grundlegende Gedanken zur menschlichen Existenz und erkannte: Leben und Tod sind nur zwei verschiedene Quantenzustände. Genau das sagte er zu mir. Der Tod ist demnach der Grundzustand, und das Leben ist der angeregte Zustand. Aber in Wahrheit ist es ein und dasselbe, wir sind Teil eines großen Ganzen, in dem beide Zustände existieren.

Walter Thirring war kein Träumer. Im Gegenteil. Er galt als Lichtgestalt der mathematischen Physik, erhielt den Paul-Watzlawick-Ehrenring für interdisziplinäres

Denken und Handeln, für den Dialog zwischen Medizin, Naturwissenschaften, Sozial- und Geisteswissenschaften und ein Bekenntnis zur empathischen Kommunikation. Sein Vater war Mitbegründer des Wiener Kreises, ebenfalls Physiker und Ikone des Sozialdemokratischen Wiens.

Nachdem Walter den Ehrenring entgegengenommen hatte, gab es ein gemeinsames Abendessen. Am Festtisch saß unter anderem die Frau des Komponisten Gottfried von Einem, Lotte Ingrisch. »Vieles kann man in der Dankesrede gar nicht sagen«, raunte Walter Thirring ihr zu und ergänzte nach einer kurzen Pause: »Ich bin davon überzeugt, dass es virtuelle Teilchen gibt, man könnte sagen Quanten. Sie steigen aus der Unterwelt auf, um hier in dieser Welt real zu werden, und kehren in die Unterwelt zurück, um dort wieder virtuell zu sein.« Orpheus und Eurydike in der Quantenmathematik. Der Begriff »Unterwelt« stand bei ihm für die unsere Existenz umhüllende Ewigkeit.

Die Geheimnisse des Katharinenklosters

Vor vielen Jahren waren mein Kollege Professor Sepp Leodolter und ich zu einem Gynäkologenkongress in Ägypten eingeladen. Wir wollten das Katharinenkloster besichtigen. Im Unterschied zu heute war es damals verboten, das innere Kloster als Tourist zu betreten. Wir baten deshalb Kardinal König um ein fürsprechendes

Schreiben. Der Kardinal war so freundlich, uns eins mitzugeben, und tatsächlich öffneten sich die Tore des Klosters für uns. Dort sahen wir die Jakobsleiter von Johannes Klimakos in natura. Ein prachtvolles goldenes Bild, auf dem Menschen auf einer von links unten nach rechts oben reichenden Leiter empordrängen, während satanische Wesen die Strauchelnden holen und eine kleine Engelsschaft andächtig zusieht.

Das Katharinenkloster wurde zwischen 548 und 565 gegründet und ist eines der ältesten immer noch bewohnten Klöster des Christentums. Es steht genau dort, wo auch der Mosesberg liegt, der Berg Sinai. An jener Stelle, wo sich Moses das Ewige in Form eines brennenden Dornenbusches offenbarte. Ein magischer Ort also, genauso wie der Berg Tabor, an dem Raffaels in Öl verewigte Szene spielt.

Wer dort steht, fragt sich: Wieso ist dieses Kloster, das bis heute im Spannungsgebiet kriegerischer Auseinandersetzungen liegt, so lange erhalten geblieben, ohne je dem Erdboden gleichgemacht zu werden?

Es gibt eine mythische Begründung dafür. Der Prophet Mohammed war dort dreimal zu Besuch und wurde immer gut behandelt. Mohammed übergab dem Katharinenkloster zum Dank einen Brief. Darin stand, dass es für immer geschützt sein möge. Vielleicht war das mit ein Grund, warum es für Eroberer tabu blieb. Mohammeds Brief ist bis heute erhalten, ausgestellt hinter Glas.

Die große Gelassenheit

Ich war einmal mit Kardinal König bei Bruno Kreisky. Im Arbeitszimmer des Bundeskanzlers hing ein Schild mit einem Spruch von Horaz, der neben Vergil, Properz, Tibull und Ovid einer der bedeutendsten römischen Dichter der Augusteischen Zeit war. »Den Gleichmut wahr' dir im Ungemach, wahr' ihn desgleichen, lächelt dir hold das Glück.«

Je mehr wir uns mit der Himmelsleiter beschäftigen, desto klarer wird ein Gedanke: Diese Leiter ist auch ein Symbol für Gelassenheit. Sie bringt Gelassenheit ins Leben aller Menschen, die sich mit ihr beschäftigen.

Das Bewusstsein, emporzusteigen, allen inneren Widrigkeiten und äußeren Verlockungen zum Trotz, wie der Student Jesus Christus es tat, gibt uns auch in schwierigen Zeiten Hoffnung und Gelassenheit. Die Dinge des Lebens gehen uns dann weniger zu Herzen.

Hier spannen wir auch den Bogen zum bedeutendsten geistlichen Schriftsteller des 15. Jahrhunderts, zu Thomas von Kempen und seinem epochalen, die Jahrhunderte überdauernden Werk *De imitatione Christi*. Thomas von Kempen wurde mehr als 90 Jahre alt, was für damalige Zeiten untypisch war. Die innere Ruhe hatte einen Anti-Aging-Effekt auf ihn, könnten wir sagen. Der bereits im ersten Kapitel »Was Sie erwartet« genannte Bonhoeffer schrieb ein schönes Gedicht, das diese innere Ruhe umrahmt. Darin heißt es:

Von guten Mächten wunderbar geborgen,
erwarten wir getrost, was kommen mag.

Gefährliche Gedanken

Eine Frage drängt sich da auf: Warum hat diese Himmelsleiter heute kaum noch Strahlkraft? Warum haben wir sie so gut wie vergessen? Der Grund ist einfach: Die Jetztzeit sieht diese Welt als das Ultimative an. Geld, Reichtum und materielle Güter sind alles. Mehr gibt es nicht, heißt es. Wer sich an das Fassbare klammert, den stört die Leiter bei seinem Wollen und Tun.

Allerdings ist das nicht nur ein Phänomen der Jetztzeit. Es war immer schon so. Philosophen, die große, das Diesseits überragende Fragen stellten, mussten oft mit ihrem Leben dafür bezahlen.

Der Grund dafür liegt genau in jener Gelassenheit. Wer die Himmelsleiter erklimmt, den können die Mächtigen und ihre Angebote nicht verlocken. Er hat ein anderes Ziel, als ihnen zu dienen, eins, das ihn mehr als alles andere durchdringt.

Der erste Philosoph, der sein Leben verlor, weil er mutmaßte, es gebe etwas, das nicht von dieser, sondern von einer anderen Welt sei, war Sokrates. Wörtlich sagte er vor Gericht: »Falls der Tod aber gleichsam ein Auswandern ist von hier an einen anderen Ort, und wenn es wahr ist, was man sagt, dass alle, die gestorben sind, sich dort befinden, welch ein größeres Glück gäbe es wohl als dieses?« Er beendete seine Rede mit den Worten: »Ihr Richter, die ihr mich jetzt zu Tode verurteilt, damit macht ihr mir nichts Schlechtes.« Menschen lassen sich exekutieren, Gedanken nicht. Platon entwickelte die seines Lehrers Sokrates weiter. Er hielt das Unsichtbare wie eine neue Stafette hoch, und viele nach ihm trugen sie weiter durch die europäische Geistesgeschichte, bis heute.

Platon, als einer der Ersten, erlebte den grausamen peloponnesischen Krieg mit und fasste dabei den Gedanken, dass es nicht so wichtig sei, was wir in dieser Welt angehen und was nicht, eben weil es in Wirklichkeit um etwas viel Größeres, um eine andere Seinsweise, geht.

Sokrates hatte den geistigen Unterboden für diese Denkart geschaffen. Mit seiner *eudaimonia*, einer Art innerer Gottheit, über die jeder Mensch verfügt wie über ein Herz und deren Stimme er hören lernen kann. Das widersprach damals dem Mainstream ebenso sehr wie heute wieder, bloß dass Philosophen und gläubige Wissenschaftler, die heute diese Ansicht vertreten, nicht mehr mit dem Schierlingsbecher hingerichtet werden, sondern als Deppen am Pranger der klassischen und sozialen Medien stehen.

Das Reich von einer anderen Welt

Auch als Jesus Christus Pontius Pilatus, dem Präfekten des römischen Kaisers Tiberius in der Provinz Judäa, vorgeführt wurde, ging es ganz wie bei Sokrates um eine andere Welt. Pilatus war es bekanntlich, der Jesus zum Tod verurteilte.

Mitten in Jerusalem, nahe der Polizeistation, liegt das ausgedehnte, nicht zugängliche Klostergelände der Armenier. Seine Eigner behüten es und verbieten jegliche Grabungen, denn darunter dürfte sich der frühere Palast des Pilatus befinden. Würden Archäologen ihn entdecken, offiziell dokumentieren und ausgraben, würde das große Areal zum archäologischen Schutzgebiet und wäre als Klostergelände unbrauchbar.

Auch wir Ärzte durften bei unserem erwähnten Besuch dieses Kloster nicht betreten. Aber wir erkletterten die Mauer und spähten hinüber. Eine wunderschöne Rasenanlage tat sich vor uns auf, ein traumhafter Park, das Areal, auf dem rein geografisch gesehen Pilatus damals Jesus verhörte: »Wer bist du?«, fragte er ihn.

»Mein Reich ist nicht von dieser Welt«, antwortete Jesus. Was heißen sollte: Ich bin zwar ein König, aber ich mache dem König in Rom oder sonst irgendeinem keine Konkurrenz. Wir könnten es heute so übersetzen: Mein Reich ist dort, wo es weder Zeit noch Raum gibt.

Daraufhin trat Pilatus vor den Palast hinaus und erklärte dem Volk, er habe mit Jesus gesprochen und den Eindruck gewonnen, er sei völlig harmlos. »Ich finde keine Schuld an ihm«, sagte Pilatus.

Doch die Versammelten waren aufgewiegelt. »Weg mit ihm! Kreuzige ihn!«, schrien sie.

Pilatus ging wieder in den Palast und fragte Jesus: »Das Volk, alle da draußen, was haben sie gegen dich?« Jesus wiederholte: »Mein Reich ist nicht von dieser Welt. Wäre mein Reich von dieser Welt, meine Diener würden darum kämpfen, dass ich den Menschen nicht überantwortet würde. Aber nun ist mein Reich nicht von hier.« Pilatus ging wieder hinaus, bekräftigte die Harmlosigkeit dieses Jesus und fragte die Menge, was sie wolle.

Für uns gibt es nur Könige im Diesseits, mit dem Gerede dieses Jesus wollen wir nichts zu tun haben, hieß das wohl. Dinge, mit denen eine Mehrheit nichts anfangen kann, ignoriert sie entweder oder sie lehnt sie ab, umso heftiger, je schwerer sie zu ignorieren sind. »Kreuzige ihn! Kreuzige ihn!«, brüllten alle.

Die Angst der Kirchenelite

Heute sind die Vorgänge von damals, das Aufwiegeln und das Ergötzen an Ächtungen ähnlich beschaffen. Auch das erklärt, warum die Himmelsleiter zu einem stillen Thema geworden ist, zu einem Geheimnis, das manche Menschen in sich bergen und das trotz seiner enormen spirituellen und gesellschaftspolitischen Relevanz in der Öffentlichkeit keine Lobbyisten mehr hat. Eine Himmelsleiter? Ein Weg in eine andere Dimension des Seins, der immer spätestens jetzt beginnt? Eine Lebensaufgabe, die alles andere, Mächte, Geld und Sehnsüchtige relativiert und in den Schatten stellt? Wer so in einer Talkshow argumentieren würde, der würde sich Hohn und Spott einhandeln.

Für die Puristen des Diesseits, die den geistigen Mainstream bestimmen, gibt es keine Himmelsleiter mehr, keinen Geistesweg nach oben, für sie gibt es nur das Erdgeschoß des Strebens und Denkens. Selbst die Kirchenelite bildet da keine Ausnahme. Sie hat im Grunde den Kern ihrer eigenen Lehre tabuisiert und fragt sich trotzdem, warum immer weniger Menschen auf der Suche nach Anhaltspunkten für ihre Spiritualität bei ihr anklopfen.

Das Christentum und seine Würdenträger begehen hier schwere Fehler. Sie inszenieren ihre Gutmenschlichkeit, doch das Wesentliche fehlt. Sie segnen lieber Flüchtlingsboote, als von einer verfügbaren Verbindung zwischen den Dimensionen zu erzählen. Es scheint so, als würden sie sich dem Trend der Zeit anbiedern. Sie gleichen Weizenkörnern, die glauben, durch Anpassung den Mühlstein positiv verändern zu können, doch der zermahlt sie in ihrem Opportunismus erst recht.

Die Science-Fiction-Literatur hat sich des Themas wie gesagt längst bemächtigt, auch Hollywood in Form von Blockbustern. Doch die Kirche getraut sich nicht einmal, das simple Narrativ der Himmelsleiter unter ihre eigenen Leute zu bringen.

Immerhin, es gibt erstaunliche Ausnahmen. Toni Faber, der umtriebige Wiener Dompfarrer, ließ eine bemerkenswerte Version der Himmelsleiter am Stephansdom installieren. Eine 36 Meter lange, leuchtende Version dieses christlichen Symbols zierte den Dom ein Jahr lang von außen. Zudem ragte eine zwölf Meter lange Leiter aus dem inneren Bereich von der Taufkapelle ausgehend empor in den Turm. Faber präsentierte das Ganze als künstlerische Installation.

Die Kirche bräuchte mehr mutige Geistliche wie ihn, die mit einfachen Mitteln und Symbolen den Menschen wieder einprägsam vor Augen halten, worum es wirklich geht. Schon weil solche Beispiele Schule machen: Nachdem die Himmelsleiter, die aus gold lackiertem Aluminium besteht, im August 2022 nach einem Jahr in Wien abgebaut war, ging ihre Reise weiter ins deutsche Münster, wo sie die dortige Lamberti-Kirche schmücken soll. Zu hoffen ist, dass es der dortige Pfarrer nicht wie Faber mit Kritikern zu tun bekommt, die sich über Lichtverschmutzung durch die Himmelsleiter beklagen.

Die Welt, ein Spielplatz ohne Leiter

Was wir haben, ist dennoch eine Welt in Form eines gewaltigen hedonistischen Spiels, scheinbar durch und durch erklärbar mit unserer Wissenschaft, und all der Rest ist lächerlich. Es geht um das Ich. Wenn die Zeiten härter werden, verwandeln sich die Spaßbürger in Angstbürger, aber ihre Welt bleibt trivial.

Das Fehlen der Himmelsleiter und ihrer Botschaft ist systemimmanent. Welchen Platz hätte sie in einer solchen Welt? Eine Himmelsleiter lässt sich nicht kapitalisieren. Niemand kann Geld für den Zutritt verlangen.

Was bleibt ist eine Angst vor dem Tod, die umso größer ist, je reicher ein Land ist. Zu den Höhepunkten der Pandemie etwa gab es in den ärmeren Ländern bei weitem nicht die gleiche Hysterie wie in den reichen. Denn wer denkt, dass dieses kurze Zwischenspiel, das wir Menschen auf Erden absolvieren, alles ist, der dreht sich innerlich im Kreis. Ihn treibt eine tiefe Verzweiflung, die er nur verdrängen kann, denn ihm fehlt jeder echte Trost.

Mit diesem Mangel lassen sich dann doch Gewinne machen. Die Esoterik erlebt seit Jahrzehnten einen Höhenflug. Der frühere Chef der von dem Bau-Tycoon und Milliardär Hans-Peter Haselsteiner mitentwickelten liberalen Partei *Neos*, Matthias Strolz, schrieb in einem Bestseller, dass er in den Wald gehe und Bäume umarme. Durch diese Geste würde er sich verbinden und Teil des Universums werden. »Ah, toll!«, sagte sein Publikum.

Hätte Strolz geschrieben, dass er das irdische Dasein als Zwischenspiel betrachtet, als Übung, für die wir als ewige Wesen einen Körper aus Fleisch und Blut und einen Planeten, auf dem wir uns bewegen können, bekommen, und bei dem wir in uns eine unsichtbare Leiter entdecken müssen, um sie, an uns arbeitend, Sprosse um Sprosse zu erklimmen, hinauf in eine neue Dimension, hätte das Publikum ihn für verrückt erklärt und gemieden. Dabei ist das die wahre Möglichkeit, uns mit dem Universum zu verbinden, eine phantastische Chance und der vergessene Sinn unseres Lebens.

Das Ende der Genusssucht

Bei einem Vortrag an einer Frauenklinik, der in die Zukunft blicken sollte, erwähnte ich den bekannten britischen Ökonomen John Maynard Keynes und seinen intellektuellen Widersacher, den österreichischen Wirtschaftstheoretiker Joseph Schumpeter. Obwohl sich die Ideen und Theorien der beiden grundlegend widersprachen und sie einander nicht leiden konnten, waren sie in einem Punkt einer Meinung: Die hedonistische, ausschließlich kapitalistisch ausgerichtete Wirtschaftsordnung wird fallen.

Sie sagten voraus, dass in absehbarer Zeit das permanente Spaßhabenwollen seine existenzielle Vordringlichkeit verlieren wird. Die zwei Forscher ergänzten: Wir hoffen, dass der Mensch für die wesentlichen Dinge frei werden wird. Allerdings werde es bis zur Umstellung rund hundert Jahre dauern. »Hundert Jahre sind die Menschen noch dazu verurteilt, flachen Göttern wie Geiz, Wucher und Spaß ihren Tribut zu zollen«, meinten die beiden visionären Ökonomen.

Keynes starb 1946, Schumpeter vier Jahre später. Das bedeutet, dass wir noch zwanzig Jahre haben, um ein humanes Gegenmodell zu Genusssucht und Turbokapitalismus zu entwickeln.

Apropos Genuss: Laut einer im Fachmagazin *Science* veröffentlichten Studie sind in Europa und den USA zwei von drei Menschen übergewichtig. In den Menschenkörpern der westlichen Hemisphäre sind aus bloßer Freude am Verschlingen so viele Fettreserven angelegt, dass kein Diätprogramm der Welt sie wieder eliminieren könnte.

Das hat viel mit der Diesseitigkeit zu tun, mit dem Verharrenwollen auf dem Boden, von dem die Himmelsleiter aufragt, und womit das große Fressen einhergeht, wissen wir längst: Mit einem riesigen Berg Müll, den kein Recycling-Programm je wieder beseitigen können wird, mit einer Zerstörung dieses Planeten und mit Hunger bei allen, die an diesem Fressen nicht teilnehmen können.

Die westliche Welt schwelgt im Endorphinrausch. Bespaßt und belohnt zu werden ist zur Maxime der Massen geworden. Es scheint darum zu gehen, alle Hemmungen fallen zu lassen. Reichtum und Sattheit, Wollen und Bekommen, und zwar sofort. Eine Himmelsleiter? Die kann in diesem Strudel ja nur ein großes Gelächter auslösen.

Der Krieg in Europa und die Inflation waren exogene Schocks. Von außen erzeugt, erschütterten sie die Grundfesten des Konsumismus. Am Ende des Monats blieb danach vielen Menschen nicht mehr genug übrig, um ihre Miete zu bezahlen. Doch in Zeiten der erzwungenen Mäßigung verstummte der Ruf nach geistiger Erhöhung erst recht. Jetzt hat man andere Probleme.

Die Phalanx der Verneiner

Einige Denker erhoben das Verneinen der Spiritualität gar zu einer Art Ersatzreligion. Zum Beispiel der zeitgenössische österreichische Philosoph Konrad Paul Liessmann und der bereits erwähnte deutsche Philosoph und Anthropologe Ludwig Feuerbach, der im 19. Jahrhundert wirkte, schrieben, dass eine über das Diesseits hinausgehende Wirklichkeit reine Einbildung sei. Derartige Vorstellungen seien ein Irrglaube, der die Menschen in einem Zustand der Sedierung verharren lasse. Der Glaube an derlei würde sie ruhigstellen, sodass sie nicht auf die Straße gehen und sich auflehnen würden.

Liessmann und Feuerbach lassen dabei nur zwei Dinge außer Acht. Zum einen ereignen sich auf der Welt und im Kosmos ständig Dinge, die sich unserer Vorstellung entziehen oder an die wir uns nur geistig herantasten können, die schwarzen Löcher zum Beispiel, um die es noch ausführlicher gehen wird. Diese Dinge beweisen keineswegs eine Transzendenz, wohl aber, dass rationale Logik nicht der oberste Schiedsrichter sein kann, der entscheidet, was es gibt und was nicht.

Zudem lassen die beiden einen rational sehr wohl erfassbaren evolutionären Prozess außer Acht. Im Rahmen dieses Prozesses hat sich die menschliche Großhirnrinde relativ schnell vergrößert. Dieses neurologische Phänomen war es, was uns Menschen in die Lage versetzte, das Wirken einer höheren Intelligenz zu erahnen. Es hat uns zum Beispiel die Möglichkeit verschafft, das Sein in ein Sein vor und in ein Sein nach dem Tod zu unterteilen.

Mit dem Anwachsen der Großhirnrinde ist der menschliche Geist erwacht, könnten wir sagen. Der Mensch war auf einmal in der Lage, seine Existenz holistisch zu betrachten. Dies zu verweigern, wie es Liessmann tut oder Feuerbach getan hat, bedeutet, eine erstaunliche Funktion des menschlichen Gehirns gleichsam abzuschalten und die Betrachtungen und Ideen, die sie hervorbringt, unter Zensur zu stellen.

Es wäre schade darum. Denn es hieße zu vergessen, dass die Welt, die wir sehen, eben nur ein kleiner Ausschnitt von etwas ungeheuer Großem ist. Dass es zwischen Himmel und Erde grenzenlose Energien gibt, für die wir kaum Antennen haben. Das Nicht-wissen- und Nicht-erfassen-Können ist kein Einwand gegen das Wirkliche. Die Tatsache, dass wir etwas nicht nachweisen können, heißt noch lange nicht, dass es nicht existiert.

Uralte Ahnung

Die Himmelsleiter und alles, wofür sie steht, auszuklammern, hieße auch, einen zentralen Aspekt der gesamten Menschheitsgeschichte als lächerlich und überflüssig zu diskreditieren. Denn die Ahnung, dass es neben dem sichtbaren noch ein unsichtbares Leben gibt, reicht bis zu den Anfängen der Menschheit zurück. Das zeigen uns zwölftausend Jahre alte Grabbeigaben ebenso wie die teils historisch dokumentierten Gedanken der Etrusker, deren Kultur zwischen 800 und 350 v. Chr. erblühte und für die eine Verwandlung dieses Lebens in eine neue Form sehr real gewesen zu sein scheint. Das Jenseits war für sie keine Entschuldigung des Universums für ein verlorenes Diesseits, sondern Teil eines übergeordneten Ganzen, in dem alle Dinge und Wesen gleichzeitig existieren, auch alle Menschen, die noch da sind, und jene, die schon gegangen sind.

Die etruskische Kultur ging im Römischen Reich auf und inspirierte die Römer. Ganz wie dieses Volk bauten sie mitunter regelrechte Städte unterhalb der Erdoberfläche, gleichsam als architektonisches Zeichen dafür, dass der Tod nichts anderes ist als der Übergang in ein anderes Gemach. Eine dieser unterirdischen Bauten ist gut erhalten. Sie liegt zwanzig Meter unter dem heutigen Vatikan und ist weltbekannt: die Katakomben.

Während eines Kongresses in Rom durften wir, einige Ärzte, sie besichtigen. Richtige Wohnhäuser, große Räume, Speisekammern und Schlafzimmer gibt es dort. Erreichbar ist das alles über ein Tunnelsystem. Man geht von einem Raum in den nächsten. Vom Vatikan bis zur Engelsburg steht alles auf einer unterirdischen Stadt. Es ist wie in einem Fantasy-Film. Spannend.

Dass Konstantin der Große um das Jahr 324 genau über diese unterirdische Stadt den Vorgängerbau der heutigen Petersbasilika, Alt St. Peter, errichten ließ, war für die Hinterbliebenen der in den Katakomben Beigesetzten bestimmt eine Zumutung und er hätte es wohl auch nicht getan, wäre nicht ausgerechnet dort der heilige Petrus hingerichtet und begraben worden.

Die Sehnsucht bleibt

So viele Zeichen, so viele Mahnmale als Hinweise, dass es mehr als das Greifbare gibt. Trotzdem wollen es die Menschen ausklammern, negieren. Doch wie viele schaffen das wirklich ganz? Und bei wie vielen schlägt die Großhirnrinde dann doch durch und bildet ihr Bewusstsein mit?

Der österreichische Theologe Paul Zulehner, ein lieber Freund, führt zu diesem Thema regelmäßig Umfragen durch. Jeder Zweite sagt dabei: Ich lebe auch ganz gut ohne eine andere Dimension des menschlichen Daseins, lasst mich damit bitte in Frieden. Doch seine Statistiken zeigen, dass die andere Hälfte der Bevölkerung sehr wohl an eine solche andere Dimension zu glauben gewillt ist, auch wenn sie nicht jeden Sonntag die Kirchenbank drückt. Da kann sich die Wissenschaft noch so sehr anstrengen, das holistische Weltbild zu falsifizieren und als Spinnerei abzutun.

Interessant in diesem Zusammenhang ist auch, dass die Verweigerer eines holistischen Weltbildes mit einem Weltenbaumeister den Astronomen und Mathematiker Isaac Newton, der als Erster die Gesetze der Gravitation beschrieb, als ihren Helden feierten. Denn obwohl er von Quantenphysik noch nichts wusste, kam er, nachdem er sich intensiv mit dem neuen Testament befasst hatte, zu dem Schluss, dass Raum und Zeit »das Sensorium Gottes« seien.

Kein Gott im Weltall

Im Herbst 1865 betrat in Leipzig ein junger Mann ein Antiquariat. Er hatte eine besondere Gabe. Er konnte das Neue Testament so wunderbar zitieren, dass die Frauen zu weinen begannen. Dieser junge Mann war Friedrich Nietzsche, Meister in der Rezitation frommer Texte.

In diesem Leipziger Antiquariat fand er Arthur Schopenhauers Werk *Die Welt als Wille und Vorstellung* und las dort diesen ihn prägenden Schachtelsatz: »Im unendlichen Raum, diese zahllosen leuchtenden Kugeln, Sterne, die inwendig heiß und außen mit erstarrter kalter Brust überzogen sind, auf der ein Schimmelüberzug lebende und erkennende Wesen erzeugt hat, das ist die empirische Wahrheit, das Reale, die Welt, jedoch ist das für ein denkendes Wesen eine missliche Lage, der Mensch, nur ein Wimpernschlag im Kosmos.« Nietzsche, früher Theologiestudent, wurde zum Atheisten.

Das Nichtglauben wurde damit zu jener bereits angedeuteten Bewegung, zu deren Sternstunden im wahrsten Sinne des Wortes auch der berühmte Satz des Kosmonauten Juri Gagarin gehört, gesprochen, nachdem er als erster Mensch im Weltraum gewesen und zur Erde zurückgekehrt war. »Es war schön«, sagte er, »aber Gott habe ich nicht getroffen.« So simpel dieses Narrativ auch anmutet, selbst große Geister wiederholten es in ähnlicher Weise.

Der berühmte Literaturkritiker Marcel Reich-Ranicki etwa sagte einmal: »Unsterblichkeit der Seele? (...) Davon halte ich gar nichts. Derartiges ist in meiner Gedankenwelt nicht vorhanden. Ich bin in dieser Hinsicht auch unbelehrbar. Ich sprach einmal mit Walter Jens *(ein deutscher Altphilologe, Literaturhistoriker, Schriftsteller, Kritiker und Übersetzer)* darüber, ob er die Seele für unsterblich halte. Er zitierte Ernst Bloch *(ein deutscher Philosoph)*, der auf diese Frage nur geantwortet hatte: Wer weiß? Ich fügte hinzu: Gott ist für mich keine Realität, sondern eine literarische Figur wie Hamlet oder Odysseus.«

Der deutsche Schriftsteller Martin Walser sah das ähnlich. »Es gibt eben Großwörter, die sagen etwas, was es nicht gibt, aber wir brauchen sie. Dazu gehören die Wörter Gott, Ewigkeit oder Unsterblichkeit der Seele. Die so bezeichneten Sachen existieren gar nicht, aber trotzdem brauchen wir diese Wörter, um das Leben zu ertragen, um mit den Wörtern zu spielen, egal ob niedlich oder heroisch.«

Der Hirnforscher Wolf Singer erklärte klipp und klar: »Das Konstrukt einer immateriellen Seele ist wissenschaftlich nicht haltbar.« Obwohl er zugibt, dass unsere Sinne nur einen kleinen Teil der Wirklichkeit erfassen, verneint er kategorisch, dass es Wirklichkeiten jenseits unserer Erfahrungswelt gibt.

Freilich gab es Gegenstimmen und Menschen, die das anders sahen. Johann Wolfgang von Goethe, keineswegs ein Frömmler, formulierte: »Was ihr nicht fasst, das fehlt euch ganz und gar. Was ihr nicht rechnet, glaubt ihr, sei nicht wahr.«

Es gab auch Warnungen. Sigmund Freud schrieb 1921, förmlich in prophetischer Weitsicht: »Wenn eine andere

Massenbindung an die Stelle der religiösen Bindung tritt, wie es jetzt der sozialistischen Massenbindung zu gelingen scheint, so wird sich dieselbe Intoleranz gegen die Außenstehenden ergeben wie in Zeiten der Religionskämpfe und wenn die Differenzen wissenschaftlicher Anschauungen je eine ähnliche Bedeutung für die Massen gewinnen könnten, würde sich dasselbe Resultat auch für diese Motivierung wiederholen.« Kurz gesagt bedeutet das: Zunächst lösen die sozialsitischen Dogmen die religiösen ab und dann die wissenschaftlichen die sozialistischen.

Goethe und Freud, sie sind geschätzt, aber in diesen Punkten haben sich ihre Ansichten bisher nicht durchgesetzt. Durchgesetzt hat sich vielmehr das Gegenteil davon, das mechanistische Weltbild, das auch Martin Walser, Marcel Reich-Ranicki und Wolf Singer prägte, und das in Wirklichkeit schon die Physik des 19. Jahrhunderts überholte. Erwin Schrödinger, Werner Heisenberg, Max Planck, Wolfgang Pauli und Albert Einstein zeigten, was auch die Physik-Nobelpreisträger 2020 und Erforscher eines schwarzen Loches mitten in der Milchstraße, der Brite Roger Penrose, die Amerikanerin Andrea Ghez und der Deutsche Reinhard Genzel, sagten: »Jenseits unserer Sinne gibt es andere Welten, die uns an die Grenzen des Verstehens bringen.«

Die Sicht der Quantenphysik

Wie sehr die Wissenschaft an die Metaphysik herankommt, betonte der österreichische Physiker Gernot Eder immer wieder. Eder war Professor für Kernphysik an der Technischen Universität Wien und beschäftigte sich mit Quantenfeldern und Astrophysik.

Ich kann mich noch gut erinnern, was er während eines Besuchs bei Kardinal König sagte: »Der Vorteil der Quantenphysik besteht darin, dass sie uns die Verschränkungen, die gegenseitige Abhängigkeit von Zeit und Raum und Masse verstehen lässt.«

Wir könnten diese Interaktionen deswegen nicht wahrnehmen, weil wir dafür keine Sinnesorgane hätten, meinte auch er, und dies aus gutem Grund. Wir brauchen solche Sinnesorgane nicht, um uns zu reproduzieren und als Spezies zu überleben, und nur danach strebt die Evolution bei der Zusammenstellung unserer Ausstattung.

Die moderne spekulative Physik unterscheidet sich gänzlich von der mechanistischen Weltsicht. Weil sie heute Dinge theoretisiert, für die früher kein Platz war. Zeit, Raum, Masse. Sie stellen sich heute anders dar. Wo früher eiserne Grenzen zu gelten schienen, verschwimmt heute alles Absolute.

Zeit, um noch einmal auf dieses Thema zurückzukommen, ist eine Funktion der Schwerkraft und der Masse, das wissen wir heute. Je schwächer die Schwerkraft auf uns wirkt, desto schneller vergeht die Zeit. Je stärker sie andererseits ist, desto langsamer vergeht die Zeit. Wie stark die Schwerkraft ist, hängt von der Größe und Dichte des jeweiligen Körpers ab, also von dem, was die Wissenschaftler »Masse« nennen.

Ein Schwarzes Loch zum Beispiel ist ein Objekt, dessen Masse auf ein extrem kleines Volumen konzentriert ist und das in der Folge in seiner unmittelbaren Umgebung eine so starke Schwerkraft erzeugt, dass nicht einmal Licht sie verlassen oder durchdringen kann. In den Tiefen der schwarzen Löcher gibt es gar keine Zeit mehr.

Dabei wissen wir inzwischen auch, dass Masse nicht das ist, wofür wir sie immer hielten. Sie ist nicht definitiv. Ein Ding ist nicht definitiv dieses Ding. Denn Masse ist in Wirklichkeit nichts anderes als in eine bestimmte Form geronnene Energie. Es gibt im Quantenbereich viele Paradoxons, die uns innehalten und das mechanistische Weltbild überdenken lassen sollten. So gibt es Teilchen, die plötzlich da sind und dann wieder ganz wo anders. Wie ist das möglich? Delokalisierung heißt das Phänomen im Fachjargon, erklären lässt es sich nicht.

Andere Teilchen kommunizieren über Lichtjahre hinweg miteinander, zum Beispiel, indem ein Proton den Spin, also die Eigendrehung, eines anderen übernimmt. Wir Menschen bestehen zu 50 Prozent aus Protonen. Wenn sie tatsächlich über Lichtjahre hinweg mit anderen Protonen verschränkt sind, ist eine Verschränkung des Menschen und gleichsam seine unbewusste Kommunikation mit Wesen in einer anderen Galaxie quantenphysikalisch denkbar. Dass unser kleines Leben mit dem großen Universum korrespondiert, ist jedenfalls wahrscheinlich.

Ein weiteres Paradoxon betrifft die Elektronen. Sie verändern durch Beobachtung, durch Messungen, ihren Ort. Wir könnten sagen: Die Dinge, die uns umgeben, sie verändern sich davon, dass wir sie wahrnehmen, und zwar physikalisch fassbar. (*Anmerkung des Autors: Für die Durchsicht dieser Passagen danke ich dem Physiker Prof. Carl Maria Fleck.)*

Wir könnten so weit gehen, provokativ zu sagen: Die Himmelsleiter existiert erst, wenn wir sie wahrnehmen und ihre Existenz akzeptieren. Erst dann haben wir die Chance, dass sich uns alles offenbart.

Auch Roger Penrose, einer der drei bereits genannten Physik-Nobelpreisträger 2020, ist der Ansicht: Beobachtung und Wahrnehmung haben eine quantenphysikalische Dimension. Seiner Meinung nach ist das Bewusstsein ein Informationspaket, das auf subatomarer Ebene in Quanten gespeichert ist.

Wir könnten diese Entität auch Seele nennen und annehmen, dass die Quantenphysik sie eines Tages ganz erfassen können wird. Dann wird vielleicht sogar die Unsterblichkeit dieser Seele dokumentiert sein. Denn Penrose glaubt, dass die Quanten, in denen unser Bewusstsein gespeichert ist, den Körper, wenn er stirbt, verlassen können. Sie bleiben auf einer anderen Ebene bestehen.

Roger Penroses Theorie wird übrigens gestützt vom Max-Planck-Institut für Physik in München. Auch dessen mehrfacher Direktor, der deutsche Physiker Hans-Peter Dürr, hielt in einem Essay fest, dass das Hier und Jetzt, diese Welt, nur das Materielle, das Fassbare, miteinbezieht. Dahinter stehe aber eine Realität, die noch viel größer wäre. Dürrs Schlussfolgerung: Der Körper stirbt, doch ein Quantum geht weiter.

Die Welt als Schachtelsystem

Diese sechs Punkte bilden, aus dem Gesagten hervorgehend, so etwas wie den ideellen Kern dieses Buches:

Erstens. Vor 13,8 Milliarden Jahren, also vor dem Urknall, gab es weder Raum noch Zeit noch Masse. Dort ist die wahre Ewigkeit angesiedelt. Wenn es einen Weltenbaumeister gibt, dann dort. Wenn wir in eine ewige Seinsweise übergehen, dann dorthinein.

Zweitens. In dieser Ewigkeit haben sich zwei Zeitschachteln eingenistet: eine große vor 13,8 Milliarden Jahren, das Universum. Und eine kleine vor 4,5 Milliarden Jahren, unsere Erde. Das Universum ist eine große Schachtel, in der eine kleine Schachtel liegt, und darin befinden sich noch viel kleinere Schachteln: wir, jeder von uns.

Drittens. Für das endgültige Verständnis der großen Schachtel, des Universums, mit dem die kleine Schachtel, die Erde, verwoben ist, reichen unsere Sinnesorgane nicht aus. Das ändert nichts daran, dass wir Teil des Universums sind.

Viertens. Die kleine Schachtel entstand durch besondere Nebel, wie etwa den Nebel *Thors Helm* im Sternbild des Großen Hundes. In seinem Inneren gibt es sogenannte Wolf-Rayet-Sterne, die Kohlenstoff, Sauerstoff und Stickstoff aus Helium brennen und sie mit einer Geschwindigkeit von 500.000 Stundenkilometern ins Universum schleudern. Diese Elemente bauten die kleine Schachtel und erlaubten Molekülen, sich zu reproduzieren. So entstand das Leben und damit auch jene Vorstellungen von Raum, Zeit und Materie, wie wir sie haben.

Fünftens. Reproduktion, Leben und Bewusstsein sind elektromagnetische Vorgänge in der kleinen Schachtel, die Informationen über alle damit verbundenen Prozesse werden aber auch in der großen Schachtel abgelegt und wahrscheinlich dort gespeichert.

Sechstens. Die Ewigkeit ist eine ganz andere Entität als die große Schachtel. Da wie unter Punkt fünf gesagt wahrscheinlich in der großen Schachtel alles, was wir elektromagnetisch in unserem Leben sind und erzeugen, abgespeichert ist, können wir es mitnehmen, wenn wir in die Ewigkeit, aus der die große Schachtel, die kleine Schachtel und wir selbst herausgetreten sind, zurückkehren. Um das zu verstehen, müssen wir wissen: Das Leben und das Bewusstsein, alles ist Elektromagnetismus. Wenn wir leben und auch wenn wir nur denken, beteiligen wir uns an elektromagnetischen Reaktionen ungeheuerlichen Ausmaßes. Wir müssen auch wissen: Wenn Zeit eine Illusion ist, dann ist auch der lineare Ablauf der Dinge, den wir erkennen, eine. Es gibt in Wirklichkeit kein Vorher und kein Nachher. Alles überlappt einander. Alles ist gleichzeitig. Alles ist jetzt. Das Leben ist keine Linie, es ist ein Kreis.

ZWEITER TEIL

THOMAS VON KEMPENS MYSTISCHES WERK

Wie praxistauglich ist die Himmelsleiter? Thomas von Kempens Zugang zu seinem Werk war eigentlich ein pragmatischer. Er wollte den spirituellen Kern des Christentums freilegen und der Bibel ihre Handlungsanweisungen entnehmen, um Mönchen und Nonnen den Weg zur Erleuchtung zu erklären, soweit er überhaupt erklärbar ist. Hier ist, was wir von ihm lernen können.

Auch Priester können Revoluzzer sein. Thomas von Kempen, 1380 in Nordeuropa geboren, war auf seine Art einer. Er lebte am Beginn der Renaissance, in der ein religiöses Umdenken stattfand. Diese Strömung definierte Spiritualität nicht mehr als etwas, das den Menschen von außen auferlegt wurde wie eine Doktrin. Sie manifestierte sich vielmehr als eine neue Form des Individualismus. Weniger vom Äußeren der Mönche, vom Äußeren der Klöster, vom Äußeren der Sakramente und Gelübde hieß das, und mehr hin zu einer geistigen Innensicht. Jeder Mensch sollte sich selbst mit seinem Gott eine Beziehung schaffen.

Spiritualität wurde so zu etwas Höchstpersönlichem und die Kunst, die sich damals entwickelte, entsprach dem. In den Renaissance-Basiliken von Florenz zum Beispiel sind die Heiligen nicht mehr mit allgemeingültigen Gesichtern und einem Heiligenschein drumherum dargestellt, sondern vielmehr als ganz normale Menschen mit ihren individuellen Merkmalen. Das starre Antlitz des Mittelalters wich dem persönlichen Ausdruck, etwa bei Maria, gezeigt als junge Frau, überglücklich, als sie von ihrer Schwangerschaft erfährt. Der einzelne Mensch und nicht die Masse soll sich seinem Schöpfer nähern und bemüht sein, *sub specie aeternitatis*, was wir frei mit *unter dem Gesichtspunkt der Holistik des Universums* übersetzen könnten, sein Leben zu gestalten.

Von der Amtskirche ging diese neue Strömung nicht aus. Ihr war diese selbstbestimmte Spiritualität mehr als unangenehm. Wenn Menschen einfach ihrer inneren Stimme folgten, wie es schon Sokrates empfohlen hatte, wenn sie sich ihr höheres Wesen selbst formten, ihre eigene Himmelsleiter erklommen, selbst Schlüsse zogen und Bilder, Symbole und Zeichen selbst interpretierten, wohin könnte das führen? Die Kirchenmänner sahen in der individuellen Frömmigkeit eine Gefahr. Auf diese Art konnten sie den Glauben der Menschen an etwas Höheres nicht mehr hauptamtlich regulieren und seine Inhalte nicht mehr ausschließlich bestimmen. Die Hoheit über das Narrativ der Religion drohte ihnen abhanden zu kommen.

Thomas von Kempen hingegen war ein Vertreter dieser neuen Strömung. Unbeirrt folgte er ihr. Er lernte in Kempen, einer Stadt am Niederrhein, die im Spätmittelalter ihre Hochblüte erlebt hatte, Latein und ging 1392 mit seinem großen Bruder Johannes nach Deventer in den heutigen Niederlanden. Sieben Jahre nach seinen Studien in der Stadtschule zog er ins Kloster Agnetenberg bei Zwolle, wo sein Bruder bereits zum Prior aufgestiegen war. 1413 wurde Thomas von Kempen zum Priester geweiht und kümmerte sich als Meister um die Herzensbildung der Novizen. Abends schrieb er an einem Buch, das die Welt verändern sollte.

Zunächst störte es die Kirche schon, dass dieses Buch mit dem Titel *De imitatione Christi* so erfolgreich war. Die Fortschrittlichkeit des Inhalts, die geistliche Selbsterforschung, vertrug sich nicht ganz mit ihrem hierarchischen Denken. Ihr erhobener Zeigefinger war geknickt. Das Werk passte jedoch genau zum Puls der Zeit. Thomas von Kempen wurde zu einer Galionsfigur jener neuen Spiritualität, die im Widerspruch zur traditionellen mittelalterlichen Klosterkultur stand.

Seine Autorenschaft wurde mehrfach angezweifelt. Es hieß, er müsse einen Ghostwriter an seiner Seite gehabt haben, doch mehrere Untersuchungen belegen bis heute, dass es sein Buch ist. Es spendet Trost, gibt Hoffnung und dient als Anleitung zur Gelassenheit. Es lässt sich als Lebensratgeber in spirituellen Fragen lesen und als Gebrauchsanweisung für die Himmelsleiter.

Der Versuch, den Text, der damals üblichen frömmlerischen Sprache zu entwinden, auf seinen Kern zu reduzieren und mit Kommentaren in die Gegenwart zu holen, erforderte einiges an Fingerspitzengefühl. Wer sich im Folgenden vertiefen will, braucht vielleicht an einigen Stellen trotzdem noch eine gewisse Gewöhnungsphase.

Thomas von Kempens Werk regt zu einer neuen Art von Meditation, zu einer besonderen Yogatechnik an:

Den Blick aus dem Glashaus unserer Welt auf das Universum und auf die dahinterliegende Ewigkeit zu richten und sich selbst in holistischer Weise als Teil dieses ganz Großen zu verstehen. Dadurch relativiert sich vieles, was wir täglich erleben, und es beruhigt auch. Es wirkt aber nicht als psychopharmakologisches Sedativum, sondern als Türöffner zu einer großen Wirklichkeit, die es gibt, obwohl sie unsere Sinneswahrnehmungen übersteigt. Wir erfinden die Tranzendenz nicht, wir entdecken sie. Seien Sie willkommen auf diesem alten und gleichzeitig auch neuen spirituell-meditativen Weg.

Es lohnt sich auch an den schwerer zugänglichen Stellen, hinter Thomas von Kempens Worte zu blicken, zwischen ihnen zu verweilen und die Bilder, Symbole und Zeichen, die es darin zu entdecken gibt, ihre innere Wirkung entfalten zu lassen. Es ist eine der Möglichkeiten, zu erkennen, worum es im Leben wirklich geht, oder diese Erkenntnis zu vertiefen, die Himmelsleiter zu entdecken oder den Fuß auf ihre jeweils nächste Sprosse zu setzen, die Erleuchtung zu erlangen, wie der Mystiker es nennt.

Und noch ein Wort zu Jesus Christus: Befreien wir ihn für die Lektüre von all den zeitgebundenen Zuschreibungen, die unsere Beziehung zu ihm schwierig gemacht haben. Geben wir ihm die Chance, eine besondere, eine mystische Figur zu sein, die wir neu entdecken und deren innere Botschaft an uns wir hören lernen können.

Bei Matthäus 13,34 stehen über Jesus diese beiden lateinischen Wörter: *nisi parabolis*. Das heißt, er hat immer nur in Gleichnissen gesprochen. Anders konnte er das nicht. *Haec omnia locutus est Jesus in parabolis ad turbas: et sine parabolis non loquebatur eis,* heißt es da. Nur im Kleid von Parabeln konnte er die Botschaft übergeben.

Gestehen wir ihm zu, dass auch er über das Transzendente nur menschlich und damit beschränkt redete, und betrachten wir sein Auftauchen in der Erzählung von der Himmelsleiter trotzdem als ein weiteres der großen Rätsel, über das wir nachdenken und dabei wachsen können. Wie, wo und warum begegnet er uns hier? Was ist seine Rolle dabei?

Gehen wir dabei davon aus: Was wir beim Erklimmen der Himmelsleiter über diesen Jesus entdecken können, ist etwas, das wir so bisher nie für möglich gehalten haben.

De imitatione Christi

Erstes Buch

Warum uns Eitelkeit schadet

Wer mir nachfolgt, wandelt nicht in Finsternis. Jesus will mit diesem Satz alle Menschen ermutigen, seiner Lehre zu folgen. Und wollen wir nicht alle unsere Schatten loslassen und unseren Weg frei und unbeschwert gehen? Als ersten Schritt können wir uns mit seinem Leben beschäftigen. Welche Probleme hatte er? Was wollte er erreichen? Inwiefern könnte er auch heute noch ein Vorbild für uns sein, wenn wir Schwierigkeiten im Leben haben?

Dieses »nicht in Finsternis wandeln« wirkt zunächst wie eine der kirchlichen Phrasen, die durch ständige Wiederholung sinnentleert sind und die wir nicht mehr hören können. Aber denken wir an Raffaels *Transfiguration*, denken wir an das Licht als Gegenteil der Finsternis, an den Lichtkörper, der wir werden können, wenn wir uns damit vereinigen, denken wir an die Photonen, an jene Lichtteilchen also, die eine Verbindung zwischen der Endlichkeit und der Ewigkeit zu sein scheinen: Thomas von Kempen zeigt mit seinen Mitteln Jesus als Botschafter zwischen den Universen, zwischen verschiedenen Welten, zwischen einer tieferen und einer höheren Ebene, die über die Himmelsleiter erreichbar ist, und stellt, so viel sei voraus-

geschickt, klar: Gläubige aller Religionen können die Himmelsleiter benützen.

Das findet sich auch schon im Neuen Testament. Am Beginn eines darin enthaltenen Briefes, den vermutlich der Apostel Paulus an die Hebräer schrieb, heißt es sinngemäß: In der Vergangenheit hat Gott in vielerlei Weise zu den Menschen gesprochen.

Das lässt sich interpretieren wie die berühmte Ringparabel in Gotthold Ephraim Lessings Stück *Nathan der Weise*, die der Toleranzidee folgt. Sultan Saladin fragt darin Nathan, welche Religion die wahre sei. Nach kurzem Nachdenken erzählt Nathan dem Sultan die Geschichte eines Mannes, der einen Ring besitzt. Dieser Ring soll seinem Besitzer Glück bringen, wenn er fest daran glaubt, und der Vater gibt ihn jeweils als Familienerbstück seinem liebsten Sohn weiter.

Doch dieser Mann hat drei Söhne, die ihm alle gleich lieb sind. Deshalb lässt er zwei exakte Kopien des Ringes anfertigen und gibt jedem Sohn einen, ohne ihnen zu sagen, welcher der echte ist. Doch auch der Richter kann ihnen nur sagen, dass ihr Vater sie wohl alle drei gleich geliebt habe und er bestimmt nicht wolle, dass sie den wahren Ring finden. Wenn der echte Ring tatsächlich Glück bringe, werde sich das in Zukunft zeigen und alle drei Söhne sollen an die Echtheit ihres Rings glauben.

Die Ringparabel spiegelt die Zeit der Aufklärung wider, in der Lessing das Werk schrieb. Die

Menschen entdeckten damals, dass sie kraft ihres Verstandes ihr Denken und Handeln selbst bestimmen und selbst vernünftige Entscheidungen treffen können. Ebenso wie die Naturwissenschaften stand die Toleranz aller Religionen im Mittelpunkt der Überlegungen. Denn es muss dem Weltenbaumeister erlaubt sein, sich in kulturell unterschiedlicher Weise den Menschen zu offenbaren. Damit stand schon Nathan für den aufgeklärten Menschen, der stets vernünftig denkt und handelt und für den alle Religionen gleich sind.

Es gibt objektiv und rational betrachtet an ihrem spirituellen Kern gemessen keine bessere oder schlechtere Religion. Das macht auch Lessing in seinem Stück *Nathan der Weise* deutlich. Darin kommen alle drei Religionen vor, mit dem gleichen Gott, der bloß unterschiedliche Namen trägt. Genau das ist auch eine der Botschaften des Apostels Paulus in seinem Brief und der Hintergrund, vor dem wir Thomas von Kempen lesen können. Er benützt die Bilder, Symbole, Zeichen und Figuren des Christentums, doch es könnten auch die jeder anderen Religion sein.

Der große Mystiker schrieb so über Jesus nicht nur als Botschafter zwischen den Welten, sondern er zeigte auch die zutiefst menschlichen Aspekte seines Weges, der auch dornig war, schwer und mühselig, verbunden mit Schmerzen und letzten Endes sogar mit dem Tod. Seine damit verbundene Botschaft war aber keineswegs, dass wir leiden müssen, um zur

Erkenntnis zu gelangen. Er wollte vielmehr zeigen, dass Menschsein, dass Leben immer auch schwierig ist, dass wir alle manchmal an unsere Grenzen zu kommen glauben.

Sokrates soll in diesem Zusammenhang einem Mann, der ihn fragte, ob er den Bund der Ehe eingehen solle oder nicht, geantwortet haben: Heirate oder heirate nicht, du wirst beides bereuen. Was heißen sollte: Des Lebens unbegrenzte Freude wird keinem Sterblichen zuteil.

Genau darauf wollte auch Thomas von Kempen hinaus, und darauf, dass die Himmelsleiter gerade in schwierigeren Zeiten etwas ist, woran wir uns anhalten können. Er versucht dabei auch, unseren Lasten etwas Schwere zu nehmen: Da gibt es jemanden, der es noch schwerer hat, sagte er sinngemäß.

Es bringt nichts, die Bibel oder andere heilige Schriften auswendig zu lernen oder fromm daherzureden ohne fromm zu sein. Hohle Worte machen uns weder heilig noch gerecht. Nur ein Leben als wirklich guter Mensch kann uns glücklich machen. Alles andere ist pure Eitelkeit. Das höchste Ziel dabei ist es, alles Weltliche hinter sich zu lassen und nach einem höheren Ziel, einem höheren Sinn, zu streben.

Das Weltliche hinter uns lassen? Bedeutet das den totalen Verzicht? Derartige Interpretationen haben die spirituellen Botschaften des Christentums oft

verzerrt. Der Mensch erklimmt die Leiter, so meint es Thomas von Kempen, und erhebt sich dabei über das Niedrige. Das Niedrige ist nicht alles Schöne, alles, das uns guttut. Ganz im Sinne der Renaissance können wir vielmehr sagen: Was das Niedrige ist, können wir nur alle in uns selbst und für uns selbst entdecken, und nur darüber gilt es, uns zu erheben. Das mag einerseits eine gute Nachricht sein, aber sie zeigt auch die Herausforderung. Denn uns gerade über dieses Niedrige zu erheben ist dann auch besonders schwierig.

Eitelkeit bringt uns nicht weiter auf unserer spirituellen Reise. Sie behindert uns und sie steckt hinter vielem, das für uns ganz selbstverständlich zu einem Leben gehört, das anscheinend glücklich ist. Das Ansammeln von vergänglichen Gütern. Die Jagd nach akademischen Titeln, Erfolg und Ruhm. Das Nachgeben jedem sexuellen Verlangen, auch wenn es anderen vielleicht schadet. Jung bleiben wollen und der Wunsch nach einem langen Leben, ohne darüber nachzudenken, ob es überhaupt ein gutes Leben ist. Sich keine Gedanken machen, was nach uns kommt. Welche Welt wir hinterlassen.

Thomas von Kempen formulierte hier etwas, das wir gerade neu entdecken müssen, um überhaupt überleben zu können. Der Überfluss ist ein Ergebnis der Gier. Zu reduzieren ist das Gebot der Stunde. Es ist die wichtigste Form der Umweltschonung und dabei

ein Postulat gegen die Ausbeutung und ein Bekenntnis zur Mitmenschlichkeit. Maß zu halten und die Balance zu finden ist in Wahrheit ein transzendenter Zugang zum Leben. Wollen wir die Himmelsleiter erklimmen, müssen wir uns darin üben. Es geht im Leben nicht darum, der Reichste oder der Beste zu sein. Raffgier erzeugt innere Hysterie und lenkt uns ab von dem, worum es wirklich geht.

Das Auge wird nicht satt vom Sehen und das Ohr nicht vom Hören. Viel zu lang haben wir uns auf die sichtbaren und hörbaren Dinge konzentriert. Waren vielleicht sogar besessen von ihnen. Und haben dabei vergessen, wie wichtig das Unsichtbare ist. Wir sollten uns langsam wieder an den Wert des Unsichtbaren gewöhnen.

Niemand sollte glauben, auch kein Wissenschaftler, alles verstehen zu können. Das macht uns zu Wissensgockeln, die leicht übersehen, dass es geheimnisvolle Realitäten jenseits unserer Wahrnehmung gibt.

Wir beurteilen uns und auch die anderen allzu leicht so, wie es unsere fünf Sinne vermitteln, und vergessen auch hier, dass dieser Spiegel ein Vexierbild ist. Eine Verzerrung der Wirklichkeit in einem Universum, in dem Zeit und Raum nicht konstant sind. Thomas von Kempen schlägt vor, wir sollten nicht zu sehr enttäuscht, nicht zu traurig und nicht zu schlecht gelaunt sein, wenn wir Misserfolge haben.

Wenn uns Enttäuschungen im Leben begegnen, ist es tröstlich, zu wissen: Wir alle sind Sternenstaub im unendlichen Kosmos. Dort gibt es weder einen Wettbewerb mit Geld, noch einen Wettkampf um Ansehen, noch Eifersucht.

In der Bibel sollte Jesus diese Frage beantworten: Wenn eine Frau einen Mann hat und der Mann stirbt, und die Frau nimmt einen neuen Mann, wessen Frau wird sie dann im Jenseits sein? Seine Antwort lautete: Im Jenseits wird nicht geheiratet. Dort wird es ganz anders sein, auf eine für uns nicht vorstellbare Weise.

Selbstbewusstsein ohne Arroganz

Die meisten Menschen sind von Natur aus neugierig und wollen mehr wissen. Aber was nützt die Wissenschaft ohne Spiritualität? Ohne Sinn?

Ein einfacher Mensch ohne Bildung kann ein besserer und glücklicher Mensch sein als ein hochgebildeter Professor, der sich noch nie mit sich und seinem Wirken in der Welt beschäftigt hat.

Wer sich selbst wirklich kennt, begreift, dass er selbst in Wahrheit unbedeutend ist. Er lernt, nicht mehr abhängig zu sein vom Lob und der Bestätigung anderer. Was bringt es, alles zu wissen, wenn man keine Liebe in seinem Leben hat? Letztendlich zählt nur das: lieben und geliebt werden.

Immer alles bis ins letzte Detail zu analysieren und verstehen zu wollen, kann uns vom Wesentlichen ablenken. Auch bei hochgebildeten Wissenschaftlern besteht die Gefahr, dass ihnen Ruhm und Anerkennung zu wichtig werden. Viel zu wissen ist zwar gut, aber nur ein Teil dieses Wissens hilft uns auf unserer spirituellen Reise.

Das Wissen, das wir im Leben ansammeln, kann auch zur Last werden. Wir sollten uns also hüten, arrogant zu werden, bloß weil wir uns mit gewissen Dingen gut auskennen. Wir sollten uns nichts darauf einbilden. Es sollte uns bewusst sein, dass es noch viel mehr gibt, das wir niemals wissen werden.

Demut ist das Stichwort. Wenn du bedenkst, wer alles mehr weiß oder mehr kann als du, kann dich das davor schützen, hochnäsig und arrogant zu werden. Und letztendlich blind. Vieles können wir mit unseren Sinnen gar nicht erkennen. Auch ein Experte kann bescheiden bleiben. Je mehr du weißt, desto größer ist deine Verantwortung.

Die NASA versucht, Planetoiden zu finden, auf denen es Leben gibt, das ist bekannt. Im Sternbild des Schwans, 1.400 Lichtjahre entfernt, kreist ein Planet namens Kepler 452B um eine Sonne. Er braucht für diese Umkreisung 385 Tage, ähnlich wie die Erde. Angenommen, dort würden Wesen leben, die in der Lage wären, unsere Social-Media-Kommu-

nikation und unsere Nachrichten zu empfangen, was würden sie denken? Das ist ein Stern der gehässigen Besserwisser.

Nicht nur selbsternannte Moralpolizisten sollten zurückhaltender sein. Auch Experten geraten immer wieder in Versuchung, für Andersmeinende ein Tribunal einzurichten, wie wir in den Jahren der Corona-Pandemie beobachten konnten.

Kepler 452B schüttelt den Kopf.

Wahrheit als Wegweiser

Spürst du schon jetzt eine Verbindung zur beständigen Wahrheit? Dann kannst du dich glücklich schätzen.

Die Wahrheit hat nichts zu tun mit fixen Vorstellungen, wie Dinge sein sollten, oder mit nichtssagendem Geplapper. Auch unsere eigenen Meinungen und unsere fünf Sinne täuschen uns oft. Was wirklich zählt, ist die innere Stimme, die aber geformt werden muss. Das Gespür für das, worauf es letzten Endes ankommt.

Alles ist durch das Wort geworden und ohne das Wort wurde nichts, was geworden ist. In ihm war das Leben und das Leben war das Licht der Menschen. So steht es im Johannes-Evangelium. Du kannst dir viele Umwege im Leben ersparen, wenn du die reine Wahrheit erspürst.

Alles ist eins. Wer sich selbst im großen Ganzen wahrnimmt, findet Frieden.

Wir könnten uns so viele Streitigkeiten und Diskussionen ersparen. Auch über religiöse oder spirituelle Fragen. Es kann so einfach sein. Richte deine Aufmerksamkeit auf dieses Gefühl der Verbundenheit allen Seins und Werdens. Spüre die damit verbundene Liebe. Du wirst innerlich ruhig. Du findest Ruhe im Herzen. Lass alles andere verstummen. In der Tiefe deiner Seele kannst du mit deinem inneren Auge die Wahrheit sehen.

Je mehr du dich innerlich gesammelt hast, desto mehr wirst du ganz ohne Mühe und Anstrengung verstehen.

Eine reine, aufrichtige und beständige Seele fühlt sich auch dann nicht zerstreut, wenn sie viel zu tun hat. Denn sie weiß, warum sie es tut. Ein weiser Mensch verzichtet auf Selbstliebe und sieht sich als Teil einer höheren Ordnung. Einfach ist das nicht. Es ist der härteste Kampf überhaupt. Sich selbst zu überwinden. Das Ego. Aber genau diesen Kampf sollten wir führen. Uns selbst überwinden. Uns selbst Tag für Tag besser beherrschen lernen. Immer mehr zu einem wirklich guten Menschen werden.

Nichts ist vollkommen. Jede Vollkommenheit, von der wir träumen, enthält auch ein kleines bisschen Unvollkommenheit. Wir sollten also nicht zu streng mit uns sein. Du brauchst gar nicht nach Perfektion zu streben. Sich selbst gut zu kennen, das genügt. Das ist viel wichtiger, als alles zu verstehen.

Würden die Menschen weniger diskutieren und streiten und stattdessen mehr an sich selbst arbeiten, gäbe es nicht so viel Böses auf der Welt. Viele einst berühmte Lehrer oder Wissenschaftler sind heute längst vergessen. Sie wurden durch neue ersetzt. Am Ende deines Lebens fragt man dich nicht, was du gelesen hast oder welche Meinung du zu diesem oder jenem Thema hattest. Es bleibt nur, wie du gelebt hast und was du für andere getan hast.

Die Schönheit der Welt vergeht so schnell. Was bleibt?

Wahrhaft groß ist, wer eine große Liebe hat. Wahrhaft groß ist, wer uneitel ist. Wahrhaft bescheiden ist, wer alles Irdische für nichts achtet. Und wahrhaft gelehrt ist, wer seinen Egoismus hinter sich lässt und auf seine innere Stimme hört.

> **Die innere Stimme sagt: Verschmähe nicht unsere Welt. Aber wenn du traurig bist, betrachte den Andromedanebel. Er ist mit freiem Auge sichtbar. Die Milchstraße hat geschätzt 100 bis 300 Milliarden Sterne und eine Masse von 1500 Milliarden Sonnen. Die Andromedagalaxie ist die nächste Milchstraße, eine Galaxis. Sie nähert sich unserer Milchstraße mit 120 Kilometer pro Sekunde. In 3 Milliarden Jahren wird sie da sein, und es wird eine Kollision mit**

unserer Milchstraße geben. Erwiesenermaßen. Eine interessante Frage ist: Wenn der Andromedanebel die Milchstraße verschluckt und nichts mehr als Photonen übrigbleiben, bleibt unser Bewusstsein als Quantum erhalten? Eine Hypothese, die Physiker teilen.

Gegen Leichtgläubigkeit und Eile

Du brauchst nicht auf jedes Gerede und jede fixe Idee hereinfallen, sondern du solltest alles sorgfältig und ohne Eile prüfen. Leider klingt das Böse oft einfacher und glaubwürdiger als das Gute. Weil wir schwach sind. Aber vollkommene Menschen sind eben nicht leichtgläubig, weil sie genau diese Schwäche der Menschen kennen.

Nichts zu übereilen zeugt von großer Weisheit.
Gehe in dich und tratsche nicht gleich alles
weiter, was dich beschäftigt.

Auch solltest du niemals stur und uneinsichtig sein. Frage lieber einen weisen und gewissenhaften Menschen um Rat, als nur deinen eigenen fixen Vorstellungen zu folgen.

Warum es sich lohnt, Bücher zu lesen

Beim Lesen der Bibel sollten wir nach beständigen Wahrheiten und nicht nach leichter Unterhaltung suchen. Was will sie uns sagen? Uns mitteilen? Wir sollten sie in dem Geist lesen, in dem sie entstand. Auch einfache Bücher können uns weiterbringen, nicht nur anspruchsvolle. Es spielt keine Rolle, wie angesehen der Verfasser war oder ist. Achte mehr darauf, was er sagt, als wer es sagt. Das ist die Suche nach Wahrheit.

Die Menschen vergehen, aber es gibt eine Wahrheit, die es für immer geben wird. Oft sind wir beim Lesen der Schriften ungeduldig. Oder wir bleiben an Stellen hängen, die wir nicht verstehen, und kommen ins Grübeln. Beides bringt uns nicht weiter. Lies am besten ohne Vorurteile. Dann können dir Schriften gute Ratgeber sein. Wie Botschafter beständiger Wahrheit.

Der von mir geschätzte deutsche Philosoph Peter Sloterdijk schrieb vor kurzem: »Müsste man das Neue Testament in einem einzigen Satz zusammenfassen: Es wäre das Archiv all dessen, was die in Kulturen zersplitterte Menschheit nicht vergessen darf, wenn sie ihr weiteres Schicksal unter den empathischen Begriff der Zivilisation stellen will.« Das heißt auch: Durch das Lesen bekommt der Mensch eine Art Verwurzelung in einer höheren Dimension.

Leidenschaften und schlechte Gewohnheiten

Wenn du nach einer Sache gierst, wirst du unruhig. Deine innere Ruhe wird gestört. Es gibt sogar Menschen, die niemals Ruhe finden. Arrogante oder geizige Menschen zum Beispiel. Wer wenig oder nichts begehrt, spürt Frieden.

Schwache Menschen tun sich schwer damit, sich von ihren Wünschen und Begierden zu distanzieren. Sie neigen deshalb zu Traurigkeit und reagieren oft unfreundlich, wenn ihnen jemand widerspricht.

Wenn ein Mensch bekommt, was er sich gewünscht hat, quält ihn oft umgehend sein schlechtes Gewissen. Wahren Frieden findest du also am besten, wenn du deinen schlechten Gewohnheiten widerstehst.

Der bereits erwähnte römische Bischof und Kirchenlehrer sagte diesen berühmt gewordenen Satz: »Unruhig ist unser Herz, bis es ruht in dir. Denn auf dich hin hast du uns geschaffen.« Auf der letzten Sprosse der Himmelsleiter, im Licht, erwartet uns also auch dies: Tiefe, innere Ruhe, sie bringt uns auf unserem Weg nach oben voran, wenn wir uns in ihr üben.

Warum uns Arroganz schadet

Rühme dich nicht wegen des Reichtums, den du besitzt, oder wegen deiner Freunde, weil sie mächtig sind. Sei nicht stolz auf die Stärke oder Schönheit deines Körpers, denn beide können schnell Vergangenheit sein. Bilde dir auch nichts ein auf deine Geschicklichkeit oder deinen Verstand. Es ist schön, jemanden zu haben, auf den du dich verlassen kannst, aber auch Freundschaft und Liebe währen nicht ewig. Alles ist vergänglich, deshalb sollten wir nicht auf all diese Dinge bauen. Setze deine Hoffnung auf die beständige Wahrheit.

Immer, wenn du dich anderen überlegen fühlst wegen deinem Intellekt, deinem Geld oder deiner Meinung, dann denke daran, wie vergänglich das alles ist und dass es viele gibt, die mehr haben als du.

Es schadet dir nicht, dich anderen in dieser Hinsicht unterlegen zu fühlen. Aber es schadet dir enorm, wenn du dich auch nur einem einzigen Menschen überlegen fühlst! Wenn du demütig und bescheiden bleibst, wirst du einen sanften Frieden spüren. Wer arrogant und eingebildet ist, den werden immer auch Zorn und Frustration begleiten.

Ich erinnere hier an das Aschenkreuz am Aschermittwoch. *Pulvis es et in pulverem reverteris.* Das bedeutet: Du bist Staub und kehrst zu Staub zurück. *Sub specie aeternitatis.* Unter der Perspektive der Ewigkeit wird vieles unwichtig, was im Augenblick als schön und als stark erscheint. Selbst die Weisheit.

Wir bestehen zu mehr als 90 Prozent aus Kohlenstoff, Stickstoff und Sauerstoff. Diese Elemente gibt es im Weltall kaum. Lediglich bei den genannten Wolf-Rayet-Sternen kommen sie vor. Die lösen sich gerade auf, inmitten eines Orkans, eines wahren Höllensturms, der mit 500.000 Kilometer pro Stunde tobt. Von ihnen stammen die Bausteine unseres Körpers. Sie haben eine lange Reise hinter sich. Wir sind tatsächlich Sternenstaub, wie ein großer Physiker einmal sagte. Wir atmen und lachen und lieben und zerfallen am Ende wieder in das, woraus wir gemacht sind.

Hüte dich vor zu viel Vertraulichkeit

Sprich nicht mit jedem über deine Geheimnisse. Suche dir lieber einen weisen, in sich ruhenden Menschen, dem du wirklich vertrauen kannst. Er kann dich beraten. Es bringt nichts, zu den Reichen und Mächtigen aufzusehen oder zu versuchen, sich bei ihnen einzuschmeicheln. Auch sehr junge Menschen haben uns oft wenig Weisheit zu bieten. Unterhalte dich lieber mit einfachen, bescheidenen und anständigen Menschen. Die Gespräche werden dir Kraft geben.

Liebe deinen Nächsten.

Es ist gut und richtig, alle Menschen zu lieben.
Aber du solltest dich nicht allen Menschen wahllos

anvertrauen. Manchmal denken wir, wir müssten besonders freundlich sein, um neue Freunde zu finden. Aber diese Freundlichkeit sollte niemals falsch und aufgesetzt sein.

Theophrast, der griechische Philosoph und Naturforscher der Antike, charakterisierte es so: »Die Redseligkeit ist ein Daherreden von langweiligem und alltäglichem Zeug. Die Geschwätzigkeit, müsste man sie definieren, ist Maßlosigkeit im Sprechen.« Geschwätzigkeit ist Überfluss. Verordnen wir ihr eine Fastenkur.

Auf wen wir hören sollten

Es ist einfacher, Befehlen zu folgen, als anderen Befehle zu erteilen. Es ist sicherer. Aber viele gehorchen eher aus Zwang als aus Überzeugung und fühlen sich deshalb gegängelt und unzufrieden. Wir suchen nach einer Freiheit des Geistes. Aber wenn du deine Einstellung nicht änderst, wirst du sie niemals finden. Demut und Akzeptanz können sehr hilfreich sein.

Jeder tut, was er für richtig hält. Und wir hören dabei oft lieber auf Menschen, die ähnlich denken wie wir. Aber manchmal sollten wir uns auch von unseren liebgewonnenen Meinungen verabschieden. Wer ist schon so weise, dass er alles weiß? Vertraue nicht nur dir selbst, sondern höre dir auch die Meinung anderer an. Vielleicht ist sie letztendlich klüger.

Vielen fällt es leichter, auf einen guten Rat zu hören, als anderen einen guten Rat zu geben. Freunde geben uns oft gute Ratschläge. Wir sollten uns nicht aus Arroganz und Sturheit dagegen wehren.

Von Benjamin Franklin stammt der Satz: »Nur gute Menschen sind zur Freiheit fähig.« Und Kritik soll uns nicht traurig stimmen. In der Wissenschaft lernen wir am meisten von unseren Kritikern. Dazu eine persönliche Anekdote. Wir Ärzte haben im Wiener Allgemeinen Krankenhaus (AKH) viel publiziert, viele Arbeiten geschrieben, die internationale Fachmagazine stets prüften. Manchmal kamen sie mit einer bösen Kritik zurück, manchmal mit einem vollständigen Verriss, und die Mitarbeiter waren dann alle irritiert, ich auch. Die harten Rückmeldungen waren teilweise berechtigt, teilweise lagen ihnen übergenaue Betrachtungen zugrunde. Wie auch immer, wir alle wurden genauer, penibler, wir lernten von den Kritikern. Auch wenn wir uns oft ärgerten, es war in Ordnung so.

Schweigen ist Gold

Halte dich von Menschenansammlungen eher fern.
All dieses oberflächliche Gerede kann dir schaden,
weil es dich eitel und engstirnig machen kann.

Hinterher fühlen wir uns oft schlecht und bereuen es vielleicht sogar, wenn wir etwas Dummes gesagt haben. Aber warum unterhalten wir uns so gern über Belangloses, obwohl wir wissen, dass es uns nichts bringt? Wir suchen Trost und wollen unser Herz erleichtern. Außerdem reden wir liebend gern über unsere Wünsche und Abneigungen.

In Zeiten der Pandemie haben wir uns von Menschenmassen notgedrungen ferngehalten. Humanfasten könnten wir es nennen. Vom Überfluss ablassen ist nie ein Fehler. Es gibt das Fasten in der Nahrung, und ebenso wenig, wie wir uns immer die Bäuche vollschlagen müssen, müssen wir ständig unter Menschen sein, als stünde das Ende der Welt bevor. Auch in den Worten und in der Kommunikation schadet es nicht, bisweilen zu fasten.

Die Griechen haben ein wundervolles Wort dafür: *skotice*. Ziehe dich zurück. Nicht dauernd, nur ab und zu. Die moderne Gesellschaft hat ein Wort dafür gefunden und es sogleich kommerzialisiert: Retreats. Die geplante Ruhephase von der gewohnten Umgebung. Der Stressabbau und die Bewusstseinsentfaltung hat ihren Preis, wenn die Entspannung auf Fünf-Sterne-Niveau stattfinden soll. Dabei ist es schon ein Anfang, das Handy einmal einen Tag lang bewusst abzuschalten.

Leider finden wir bei diesen Gesprächen oft nicht, was wir suchen. Kurzfristiger und oberflächlicher Trost kann uns bei unserer Suche nach Frieden und Wahrheit sogar schaden. Tiefsinnige, ruhige Gespräche mit Menschen, die wir lieben und denen wir vertrauen, tragen uns besser durch schwierige Zeiten.

Der süße Frieden

Wir könnten echten, süßen Frieden genießen, wenn wir uns nicht mit dem Gerede und den Handlungen anderer, welche uns doch nichts angehen, beschäftigen würden. Wer sich dauernd in fremde Angelegenheiten einmischt oder nur nach Zerstreuung sucht, kann nicht in Frieden leben. Einfache, bescheidene Menschen werden einen süßen Frieden genießen.

Warum haben wohl einige Heilige die Erleuchtung gefunden? Weil sie geübt haben, ihren Wünschen und Bedürfnissen zu widerstehen. Sie haben Freiheit gefunden.

Wenn wir jedes Jahr auch nur einen Hauptfehler ausrotteten, würden wir bald zur Erleuchtung gelangen. Aber manchmal kommt es uns vor, als wären wir ganz am Anfang unserer spirituellen Reise noch bessere, reinere Menschen gewesen als nach langer Zeit des Suchens. Dann sollten wir unsere Bemühung unbedingt verstärken. Wir sollten mit mehr Eifer bei der Sache sein. Wenn wir einen Teil dieses Engagements bewahren können, ist das schon etwas sehr Großes. Es ist klarerweise schwer, schlechte Gewohnheiten loszuwerden. Aber es ist noch viel schwerer, die eigene Sturheit zu besiegen.

Wenn du stark werden willst, musst du erst geringe Hindernisse überwinden lernen, um für die echten Schwierigkeiten im Leben gewappnet zu sein.

Die Belohnung dieser anstrengenden Arbeit an sich selbst ist der süße, innere Frieden.

Es war wieder Peter Sloterdijk, der darauf hinwies: Dieser Planet ist einer der Askese, einer der Einübung in die Tugend. Er ist dazu da, uns zu entwickeln und uns zu helfen, auf eine höhere Ebene zu gelangen und dabei bessere Menschen zu werden. Genau wie wir Trainingsprogramme für den Körper und Geist erstellen, können wir auch welche für die Seele erstellen. Wir können die Vorteile des Gutseins lukrieren, wenn wir unser Gutsein regelmäßig trainieren. Wer etwas Gutes für andere tut, fühlt sich selbst besser. Diejenigen, denen ich Stütze bin, geben mir Halt. Goethe mahnte einst weise: »Vergesst nicht zu üben die Kräfte des Guten.«

Hindernisse bringen uns weiter

Es tut uns gut, ab und zu Krisen zu erleben. Weil sie uns die Augen dafür öffnen, dass alles vergänglich ist.

Es tut uns auch gut, wenn wir manchmal missverstanden werden oder Menschen gemein sind zu uns. Dadurch bleiben wir bescheiden und es beschützt uns vor Arroganz und Abgehobenheit.

Wir haben die besten Absichten. Wenn dann etwas Unangenehmes passiert, sehen wir viel leichter ein, wie wichtig unsere spirituelle Suche ist. Erst, wenn wir unsere Aufmerksamkeit nach innen richten, finden wir die Antworten auf unsere Lebensfragen.

Malheure passieren. Wir sollen nicht das Unangenehme suchen, die Probleme und die Schwierigkeiten, aber wenn sie kommen, sollten wir uns der Relativität unseres Diesseits bewusst werden. Es gilt zu überlegen, wie viele Tage uns noch geschenkt sind. Irgendwann ist es hier für uns vorbei. Der Mietvertrag ist befristet und die Übersiedelung ist unvermeidlich.

Versuchungen widerstehen

Solange wir in dieser Welt leben, wird es Versuchungen geben. Das kennt jeder Mensch. Süchte, Unge-

duld, Selbstmitleid oder Frustration – jeder sollte wissen, wo sein eigener Schwachpunkt liegt.

Im Buch Job steht geschrieben: »Das Leben des Menschen auf Erden ist ein beständiger Streit.« Wenn wir das immer bedenken, hilft es uns, wachsam zu bleiben gegenüber unseren Schwächen.

Job, auch Hiob genannt, hatte es nicht leicht. Er verglich das Leben des Menschen mit den Tagen eines Arbeiters, der immerzu kämpfen muss, um zu überleben. *Militia est vita hominis super terram et sicut dies mercennarii dies eius*, lautet die Stelle, die Thomas von Kempen anspricht, im Original. Es geht um den Streit, in dem der Mensch mit sich selbst steht. Um ebendie Versuchungen, die Schwachstellen der Seele, gegen die wir jeden Tag zu kämpfen haben, von früh bis spät. Wie Taglöhner eben. Uns damit abzufinden, bringt uns auch voran auf dem Weg die Himmelsleiter entlang nach oben.

Versuchungen sind lästig und beschwerlich. Aber sie können auch ziemlich nützlich sein! Sie bergen Lektionen für uns. Alle erleuchteten Menschen haben Versuchungen widerstanden und Krisen durchgestanden und sind dadurch weitergekommen. Und sogar sie sind nicht vor Versuchungen geschützt, sondern müssen sich Tag für Tag dafür entscheiden, ein gutes und reines Leben zu führen. Das sollten wir auch tun. Wenn wir uns selbst gut genug kennen, wissen wir genau, was zu tun ist.

Die Spitze der Himmelsleiter, was wir dort erleben, nennt Thomas von Kempen Erleuchtung. Er zeigt auch damit: Ins Licht gelangen wir nicht mit dem Tod allein und schon gar nicht zwangsläufig. Ins Licht können wir uns, müssen wir uns emporarbeiten. Die Ewigkeit ist etwas, das wir schon im Leben beginnen können. Auch das ist eins von den Dingen, über die wir nachdenken und daran wachsen können: Warum gibt es auf einigen Darstellungen der Himmelsleiter menschliche Wesen, die darauf auf und ab gehen und weder Engel noch Teufel sind? Wer sind sie? Was macht sie aus? Welchen Zustand haben sie erreicht?

Urteile nicht über andere

Richte deine Aufmerksamkeit lieber auf dich selbst, als die Handlungen anderer Menschen zu bewerten.

Urteile über andere sind vergebliche Liebesmühe. Es bringt viel mehr, sich selbst zu bewerten und das eigene Gewissen zu erforschen.

Oft sind wir ein wenig eingebildet und urteilen deshalb falsch und vorschnell über andere. Wenn es uns um die reine, beständige Wahrheit geht, wird es uns nicht so schnell beunruhigen, wenn einmal etwas nicht nach unserem Sinn passiert.

Oft liegt etwas im Herzen verborgen oder es kommt von außen etwas dazu, was uns antreibt und lenkt. Viele suchen, ohne es selbst zu wissen, heimlich sich selbst in allen Dingen, die sie tun. Sie sind ruhig und zufrieden, wenn alles nach ihrem Willen und Sinn geht. Geht es aber anders, als sie es verlangen, werden sie schnell verwirrt und traurig. Weil die meisten Menschen so sind, gibt es dann Uneinigkeit und Streit.

Unser Selbsterhaltungstrieb verschüttet oft unsere Gabe, uns in ein Vis-à-vis hineinzudenken. *Et audiatur altera pars* nennen das die Lateiner. Dem Anderen zuhören. Es geht um den tiefsten Sinn der Empathie. Darum, anderen schon an den Augen abzulesen, in welcher seelischen Verfassung sie gerade sind. Die Augen sprechen die Sprache des Herzens, sie lügen nicht. Dieser Fähigkeit als Gesellschaft Bedeutung zu geben ist ein Ziel, das Frieden bringen würde.

Was wir aus Liebe tun

Keinem Menschen und um keinen Preis der Welt dürfen wir etwas Böses tun. Aber manchmal müssen wir eine gute Tat unterbrechen, um jemandem zu helfen. Alles, was aus Liebe geschieht, so gering und lächerlich es auch auf den ersten Blick sein mag, ist großartig. Die gute Gesinnung ist viel wichtiger als die Leistung.

Wer viel liebt, tut viel. Wer die Dinge gut macht, bewirkt viel. Und wie machst du die Dinge gut? Indem dir der allgemeine Nutzen wichtiger ist als dein eigener Wille.

Manchmal tun wir etwas nur scheinbar aus Liebe, doch dahinter stecken eher Lust, Eigennützigkeit oder Bequemlichkeit. Sei ehrlich zu dir selbst.

Wahre und vollkommene Liebe ist nie egoistisch, sondern sieht immer zuerst den anderen Menschen. Wer sich selbst zurücknimmt, spürt auch keinen Frust und keinen Neid mehr. Wer auch nur einen Funken dieser edlen, wahren Liebe spürt, kann ganz klar erkennen, wie hohl und unwichtig weltliche Wünsche letztendlich sind.

Wir alle kennen das: Charity-Veranstaltungen, auf denen die Gönner vor allem für sich selbst zu spenden scheinen. Es geht ihnen darum, sich darzustellen, um sich gut zu fühlen, und zu zeigen: So gut bin ich. Unter dem prächtigen Kleid der Nächstenliebe befindet sich die schmutzige Wäsche des Egoismus. Charity, die von dem Gedanken genährt ist, dass der andere Mensch genauso wie wir selbst ein Kind des Schöpfers ist, ist leise, und sie heißt dann nicht Charity, sondern Nächstenliebe.

Auch sie gibt es, zum Glück. Nehmen wir den Hollywood-Star Keanu Reeves. Lange war unbekannt, dass er 70 Prozent seines Einkommens aus der *Matrix*-Trilogie, immerhin 80 Millionen Dollar netto, an die Leukämie-Forschung gespendet hat. Es wurde erst 2022 durch einen Zufall öffentlich.

Reeves war ein stiller Gönner, und wenn man seinem Umfeld glaubt, ist er ein außerordentlich höflicher und sensibler Mensch. Ein Buddhist in Hollywood, der auf der Leinwand alle erschießt, aber privat Großzügigkeit lebt.

Die Fehler der anderen ertragen

Was du an dir selbst oder an anderen nicht verbessern kannst, das musst du wohl oder übel mit Geduld ertragen, bis es sich von selbst verändert – oder auch nicht. Denk dran: Vielleicht dient es dazu, dich zu prüfen und deine Geduld zu steigern. Und diese Geduld wird dir dein Leben lang nutzen.

Wenn dich jemand einmal oder zweimal ignoriert, lass dich mit ihm auf keinen Streit ein, sondern lass los. Vertraue. Ertrage fremde Fehler und Schwächen mit Geduld, denn auch du hast sicher einiges, das andere an dir erdulden müssen.

Vielleicht weißt du selbst, wie schwierig es ist, so zu sein, wie du gern sein würdest. Wie kannst du da verlangen, dass sich andere Menschen nach deinen Wünschen verhalten? Andere sollen perfekt sein, aber unsere eigenen Fehler sehen wir oft gar nicht.

Wir sollten auf andere Menschen wie auf uns selbst blicken. Wenn wir alle perfekt wären, wäre die Suche beendet. Wir sollten gegenseitig unsere Lasten tragen. Gerade weil niemand ohne Fehler und ohne Last ist.

Niemand ist sich selbst genug. Niemand ist vollkommen weise. Wir sollten uns gegenseitig helfen. Und gegenseitig trösten. Uns gegenseitig Mut zusprechen und auch ermahnen, wenn wir falsch liegen. Wie weit jemand auf seiner spirituellen Reise ist, sieht man am besten in Krisen. Sie schwächen uns nicht, sondern zeigen vielmehr, aus welchem Holz wir geschnitzt sind.

Wir müssen uns den Missgünstigen aber auch nicht aussetzen. Werfen wir dazu einen Blick auf Wolfgang Amadeus Mozarts Werk. Am Ende der Entführung aus dem Serail – was lässt Mozart Selim da sagen? »Beruhige dich! Wen man durch Wohltun nicht für sich gewinnen kann, den muss man sich vom Halse schaffen.« Und zwar vom Halse schaffen im weitesten Sinn. Man wird den Missgünstigen nicht wegprügeln, man wird einfach weggehen und ihn meiden. Und das, glaube ich, passt ganz gut zum Ertragen. Niemand muss den plötzlichen Feind bekämpfen, es genügt, ihm den Rücken zu zeigen.

Vom Leben mit anderen

Wenn du ins Kloster gehst, musst du erst einmal dich selbst überwinden lernen. Nur dann kannst du mit anderen in Frieden und Harmonie leben. Es ist alles andere als leicht, in einem Kloster oder in einer Gemeinschaft zu wohnen und ihr ohne zu klagen bis in den Tod treu zu bleiben. Glückselig ist, wer dort gut gelebt und seinen Lauf wohl vollendet.

Wenn du ein guter Mensch sein willst, musst du dich
als einen Wanderer auf dieser Erde ansehen.
Du kannst ein Tor für die Wahrheit werden.

Im Kloster geht es nicht um das Ordenskleid oder andere Äußerlichkeiten, sondern um die Veränderung der Gewohnheiten und eine vollkommene Abtötung der bösen Neigungen. Wer etwas anderes sucht als das Heil seiner Seele, der wird stattdessen nichts als Frust und Schmerzen finden. In ihrer Akzeptanz, Güte und Demut können Ordensleute leuchtende Beispiele sein.

Der Mensch verändert seine Gewohnheiten oft schon dadurch, dass er eingefahrene Prozesse stoppt. Den Tagesrhythmus anders gestaltet. Bestimmte Abläufe verändert. Arbeitsprozesse anpasst. Oder eben den Wohnsitz verlegt, zumindest vorübergehend. Die einen auf die Malediven, die anderen in die Berge,

manche ins Fastenkloster oder in eine einsame Hütte im Wald.

Der Bestsellerautor Yuval Noah Harari beispielsweise zieht sich immer in den indischen Raum zurück. Jedes Jahr, für einen Monat, und dort denkt er nach. Dort kommen ihm die Gedanken. »Jeder kann sein Leben ändern, wenn er will«, sagt er.

Viele sagen und schreiben Ähnliches, aber sie machen es nicht. Sie ändern nicht ihren Blick auf die Welt. In unserem eigenen Wohnzimmer, in unserer vertrauten Komfortzone, womöglich zwischen Netflix und Spotify, entdecken wir kaum die großen neuen Perspektiven für unser Leben.

Die Weisheit der Erleuchteten

Sieh dir das Leben erleuchteter Menschen an. Was sie für andere tun, wie sie sich verhalten, wie sanft und weise sie sprechen. Sie können Hunger und Durst, Kälte und dünne Kleidung, Arbeit und Mühen, kurzen Nachtschlaf und langes Fasten überwinden. Viele erleben sogar Verfolgung und Unterdrückung.

Sie versuchen, jeden Augenblick zu nutzen. Sie können so tief abtauchen in ihr Seelenleben und ihre Suche nach Wahrheit, dass sie sogar vergessen zu essen. Sie können auf Geld, Ruhm und die Gesellschaft von Freunden und Familie verzichten. Sie können arm an irdischen Dingen und dabei so reich an Güte sein.

Liebe und Geduld. Diese beiden ewigen Werte können das ganze Sein und Tun der Erleuchteten prägen. Deshalb können sie Vorbilder für alle sein, die wahrhaftig und gut leben wollen.

Wir können weiser werden, wenn wir die Welt nicht mit den Augen des eigenen Lebens, sondern mit jenen der Weltzeit sehen. Und wenn wir suchen, wenn wir Fakire der Erfahrung werden, allerdings nicht, um auf dem Feuer zu tanzen, sondern um uns im großen Labor der Transzendenz gut zu positionieren.

Wie wir uns gut um unseren Körper und unsere Seele kümmern

Das Innenleben eines Menschen drückt sich auch in seinem Äußeren aus. Aber in unserer Seele sollte immer mehr verborgen sein, als nach außen hin zu sehen ist. Es ist gut, sich immer als Anfänger zu fühlen, der erst mit seiner spirituellen Reise und seinen Bemühungen, ein wirklich guter Mensch zu sein, beginnt.

Der Vorsatz ist dabei alles. Wenn wir erkennen, dass wir den ersten Schritt immer selbst gehen müssen, werden wir weit kommen. Wir sollten es ernst meinen und wir sollten uns wirklich bemühen. Mit Fleiß.

Andacht, innere Einkehr, Gebet, Meditation – wenn du deine Übungen einmal unterbrechen musst, weil du zu viel zu tun hast oder anderen helfen willst, dann ist das nicht schlimm. Du kannst sie zu einem späteren Zeitpunkt nachholen. Wenn du aber deine spirituellen Übungen aus Frust oder Faulheit schleifen lässt, ist das ein großer Fehler.

Vielleicht hilft es, dir immer wieder bewusstzumachen, warum wir uns geistig üben und welche schlechten Gewohnheiten wir hinter uns lassen wollen. Wir müssen in uns gehen und Ordnung in unsere Gedanken bringen. Wenn wir wissen, warum wir etwas tun, fällt es uns viel leichter.

Das griechische *askein* heißt auf Deutsch »üben«. Der Mensch sollte relativ früh anfangen, sich dafür zu etablieren. Goethe meinte: Fehlende Bildung lässt sich nachholen, fehlende Disziplin aber nicht. Daran ist viel Wahres, aber so apodiktisch, wie er es in dem Zusammenhang, dem das Zitat entnommen ist, sagte, ist es trotzdem nicht zu sehen. Denn oft ist zu beobachten, dass die Disziplin mit der Aufgabe wächst oder besser: mit der Erfüllung durch das, was wir tun, mit unserer Überzeugung dafür und unserer Begeisterung daran.

Du musst nicht ins Kloster gehen oder stundenlang meditieren, um zur Ruhe zu kommen. Aber einmal am Tag solltest du dich schon sammeln. Und zwar am besten in der Früh oder am Abend. Frage dich, wie es dir geht und wie es dir gelingt, dich in Worten, Taten und Gedanken so zu verhalten, wie du es wirklich tun willst.

Besonders hilfreich ist es, dich beim Essen und Trinken zurückzuhalten, dann fällt es dir auch leichter, in anderen Lebensbereichen diszipliniert zu sein.

Unser Körper funktioniert nach chronobiologischen Gesetzmäßigkeiten. Die Zeit hat Einfluss auf die Verdauung, die Nerven, das Gehirn, die Nieren, die Leber und das Herz. Aber auch auf das Nachdenken. Das Meditieren. Über Jahrhunderte war vom Morgen- und Abendgebet die Rede. Auch heute halten wir am ehesten zu diesen Zeiten inne. Um in der Früh über das vor uns Liegende nachzudenken und es dankbar anzunehmen oder beim Schlafengehen das Geschehene, ebenfalls in einer Übung der Dankbarkeit, zu reflektieren. Oder um unseren Geist bei der Meditation zu leeren. Das hilft uns auf dem Weg zur Erleuchtung.

Einsamkeit und Stille lieben lernen

Ab und zu tut es gut, sich für eine etwas längere Zeit zurückzuziehen. Verzichte eine Weile auf Dinge, die deine Neugier reizen. Lies lieber Texte, die dich beruhigen und deine Demut wecken, als solche, die deine Gedanken unnötig zum Kreisen bringen. Wenn du schweigst, wirst du endlich genug Zeit haben, deine Seele zu heilen.

Seneca sagte: »So oft ich unter den Menschen war, bin ich als ein minderer Mensch zurückgekehrt.«

Wir erfahren dies oft, wenn wir lange über unnütze Dinge sprechen. Es ist überhaupt leichter, zu schweigen, als sich mit Worten klug zu äußern. Es ist auch leichter, sich gut zu verhalten, wenn wir allein sind statt in einer Gruppe.

Wenn wir erkennen, dass es keine Sicherheiten gibt, sind wir frei. Alle erleuchteten Menschen waren sich dessen bewusst und waren gerade deshalb so bescheiden und demütig. Falsche Sicherheiten betrügen uns und bringen uns nicht weiter.

Wir begeben uns heute freiwillig in die Sklaverei. Das Handy ist das einzige Gerät, das wir nicht selbst bedienen, sondern das umgekehrt uns bedient. Wenn es läutet, vibriert, leuchtet oder »bling« macht, treten wir in Aktion. Ein Tsunami aus Daten, ein elektronischer Müllberg. Kommunikation, die nicht mehr willentlich, sondern exogen, gleichsam umweltbedingt, stattfindet. Sie kommt von außen, ob wir wollen oder nicht. Was würde der von Thomas von Kempen zitierte Seneca heute zu Social Media sagen? Vielleicht würde er posten: Bitte seid leise.

Oft geraten gerade diejenigen in große Gefahr, welche von den Menschen besonders geschätzt und bewundert werden, weil sie zu sehr auf sich selbst vertrauten. Deswegen ist es für viele Menschen besser, im Leben auch Gegenwind zu erleben. Wer nur gelobt wird, der wird arrogant und oberflächlich. Wer nur noch nach vergänglichen Freuden sucht, kann kein guter Mensch sein.

Jeder Mensch erlebt Sorgen und Enttäuschungen. Wir brauchen diese innerliche Zerknirschung des Herzens. Daraus entsteht oft Reue. Und aus Reue können Liebe und Trost entstehen.

Im Schweigen und in der Ruhe gewinnt die andächtige Seele. Wenn wir trauern und weinen, können wir ein Eingebundensein in den Kosmos spüren. Wir entfernen uns von der Unruhe der Welt und treten ein in eine süße, ewige Ganzheit. Wer also ab und zu allein ist, trägt für sich Sorge und kann eine vertrauliche und ewige Verbindung spüren.

Warum begehren wir, was wir nicht haben können? Die Sehnsucht nach Sinnenfreuden treibt uns hinaus in die Welt. Aber wenn wir heimkommen, was bringen wir dann nach Hause als nur eine Unruhe des Gewissens und eine Zerstreuung des Gemütes?

Oft, wenn wir freudig ausgehen, kehren wir traurig zurück. Und jene Freuden, unter welchen wir Nächte durchwachen, bringen einen traurigen Morgen. So schleichen sich sinnliche Freuden schmeichelnd ein, aber am Ende schmerzen sie.

Was kannst du anderswo sehen, was du nicht auch hier siehst? Du hast ja den Himmel und die Erde und alle Elemente vor deinen Augen, und aus diesen ist alles Übrige gemacht.

Was wirst du wohl irgendwo sehen, das lange unter der Sonne bestehen kann? Du glaubst vielleicht, es würde dich befriedigen, aber das wirst du nicht erreichen.

Wenn du alles Irdische sehen könntest,
was wäre es anderes als ein eitler Anblick?

Überlass eitlen Seelen die Eitelkeit. Schließe deine Türe hinter dir zu, denn nirgends wirst du so süßen Frieden finden. Wärst du nicht unter die Leute gegangen und hättest du keine leeren Erzählungen gehört, so würdest du eher einen seligen Frieden in dir bewahrt haben.

Carpe diem. Nutze den Tag. Thomas von Kempen deutet diesen schönen Rat um. In unserer konsumistischen Welt verbinden wir damit ein Maximum an Abenteuer, während er meint: Nützen wir den Tag für die innere Ruhe.

Wer sich zu sehr nach der Außenwelt sehnt, wer nur die Königreiche der Welt betrachtet und die Mächtigen der Erde bewundert, verliert den Bezug zum Universum und zu sich selbst. Alles hat eine Ablaufzeit. Die Geschichtlichkeit der Ereignisse ist so etwas wie die Sterblichkeit des einzelnen Menschen. Die Tagespolitik, die Meinungen, Myriaden von Erregungen – alles zerrinnt früher oder später in der Bedeutungs-

losigkeit, doch jede einzelne Sprosse, die wir auf der Himmelsleiter erklimmen, sie bleibt.

Der Konsumwahn schafft die transzendentale Verankerung ab, und möglicherweise müssen wir dafür eine Entschädigung leisten. Für diese Absolutheit, für die Vergöttlichung des Augenblicks. Die Himmelsleiter jedoch hilft dem Menschen schon zu Lebzeiten, über den Dingen zu stehen.

Carpe diem, nutze den Tag, um emporzustreben.

Vom Blick nach innen

Wenn du Fortschritte machen willst, dann gib dir selbst nicht zu viel Freiheit, sondern halte Disziplin. Überlass dich keiner unbescheidenen Freude. Übe dich im Blick nach innen, und du wirst die wahre Besinnung finden. Durch Reue erlangst du viel Gutes, das du durch allzu große Freiheit sehr schnell wieder verlieren kannst.

Es ist wunderbar, zu sehen, wie ein Mensch,
der den Schmerz über seine eigene Unzulänglichkeit
kennt, sich dennoch in demselben Leben
wahrhaftig freuen kann.

Wenn wir leichtsinnig und sorglos sind, erkennen wir oft nicht, in welch armseligem Zustand sich unsere Seele befindet. Oft lachen wir leichtsinnig, wenn wir eigentlich weinen möchten. Es gibt keine wahre Freiheit und keine wahre Freude als in einem guten Gewissen. Heilen kann nur, wer sich von allem Überflüssigen und Schädlichen befreit und sich mit einem gesammelten Geist im Blick nach innen übt.

Heilen kann nur, wer sich von allem befreit hat,
das sein Gewissen belastet und trübt.

Das bedeutet übrigens auch, dass wir beim Streiten großzügig und nicht kleinlich sein sollten. Wenn du andere Menschen in Ruhe lässt, werden sie auch dir nicht im Weg stehen bei deiner spirituellen Reise.

Kümmere dich nicht ungefragt um die Angelegenheiten anderer Menschen und mische dich auch nicht ein, wenn du gar nicht die Befugnis dazu hast. Richte deine Augen immer zuerst auf dich selbst und konzentriere dich darauf, dir selbst gute Tipps zu geben, bevor du an deine geliebten Freunde denkst.

Wenn du einmal Probleme mit jemandem hast oder unbeliebt bist, dann sei deswegen nicht traurig. Empfinde höchstens eine leise Trauer darüber, dass du nicht so gutmütig und achtsam bist wie ein erleuchteter Mensch.

Für die Seele ist es oft nützlicher und sicherer,
wenn ein Mensch in seinem Leben nicht so
viele weltliche Tröstungen hat, besonders
nicht so viele körperliche Tröstungen.

Dass wir keinen spirituellen Trost empfinden, daran sind wir immer nur selbst schuld. Aber wir können so viel tun. Wenn wir immer wieder den Blick nach innen wagen, durch Gebet oder Meditation, und auf äußerlichen und oberflächlichen, kurzfristigen Trost verzichten, werden wir wahren, süßen Trost finden.

Ein guter Mensch findet vielleicht viele Gründe zu trauern oder zu weinen. Aber er darf nicht nur sich selbst sehen, er muss auch an seine Mitmenschen denken und dann wird er erkennen, dass auf dieser Welt niemand ohne Trübsal lebt. Je genauer er sich selbst betrachtet, desto mehr wird er Grund zu trauern haben.

Wenn du öfter an deinen Tod als an ein langes Leben dächtest, würdest du dich ohne Zweifel viel ernsthafter bemühen, ein guter Mensch zu sein.

Aber weil diese ewigen Wahrheiten oft nicht bis in das Herz dringen und weil wir eher all das lieben, was unseren Sinnen schmeichelt, verharren wir bequem in unserer großen Trägheit.

Es ist oft eine Armut des Geistes, dass sich der armselige Leib so leicht beklagt. Entdecke die Demut und sage mit dem Propheten: »Speise mich mit Tränenbrot und gib mir Tränen zum Getränke in vollem Maße.«

Schwierigkeiten und Enttäuschungen helfen uns, die Relativität der Welt besser zu verstehen. Wenn es uns zu gut geht, wählen wir fälschlicherweise die Erde als

Einwanderungsland, um uns dort um jeden Preis zu verwirklichen. Hedonisten sagen: Da bleiben wir jetzt, wir reißen alle Brücken zu höheren Sphären ab und konzentrieren alle Kräfte auf die profane Existenz.

Das mag so lange gutgehen, bis der Sensenmann seine Klinge schwingt und diese profane Existenz jäh beendet. Wer öfter an den Tod und das Danach denkt, wird sich leichter tun, in dieses Universum ein- und aufzugehen. Und er wird die Angst vor den letzten Dingen verlieren. Dies soll keine falsche Beruhigung sein, wie sie den religiös gewissermaßen Musikalischen oft vorgeworfen wird, sondern eine Anregung zum holistischen Denken und Meditieren, das sowohl das Universum als auch die Ewigkeit miteinbezieht.

Vom Mitleid mit anderen Menschen

Egal, wo du bist und was du besitzt, es wird dir nicht gut gehen, wenn du deinen Blick nicht nach innen wendest. Warum beunruhigt es uns eigentlich, wenn es uns einmal nicht so geht? Wem geht es wohl immer nach Wunsch? Das kann sicher niemand von sich behaupten, weder ich noch du noch irgendein Mensch auf Erden.

Niemand ist auf dieser Welt ohne Trübsal oder Beschwerden, und wenn er auch König oder Papst wäre. Wer ist aber besser daran? Menschen, die demütig sind und auch einmal Leiden ertragen können.

Viele unverständige und schwache Menschen beneiden andere und sagen: Welch ein glückliches Leben hat dieser Mensch! Wie reich, wie groß und wie mächtig er ist! Aber betrachte nur die himmlischen Güter, und du wirst sehen, wie nichtig alle zeitlichen Güter sind. Die Glückseligkeit des Menschen besteht nicht darin, dass er zeitliche Güter im Überfluss hat. Ein mittelmäßiger Besitz reicht völlig.

Es ist in der Tat manchmal schwierig und schmerzlich, auf dieser Erde zu leben.

Je mehr sich ein Mensch bemüht, ein am Universum orientiertes und spirituelles Leben zu führen, desto bitterer kommt ihm das gegenwärtige Leben vor, weil er die Fehler der fehlgeleiteten menschlichen Natur tiefer empfindet und deutlicher sieht.

Denn Essen, Trinken, Wachen, Schlafen, Ruhen, Arbeiten und den übrigen Bedürfnissen der Natur unterworfen zu sein, wirkt manchmal wie eine Last für einen spirituellen Menschen, welcher in seiner Seele frei und anspruchslos sein will.

Ein Mensch, der ein innerliches Leben führt, fühlt sich in dieser Welt von den leiblichen Bedürfnissen manchmal sehr belästigt. Daher bittet der Prophet inständig, dass er von diesen befreit werde, indem er sagt: »Errette mich aus meinen Nöten!« Arm sind doch diejenigen, die ihr Elend nicht erkennen und noch mehr jene, welche dieses Elend und dieses ganze vergängliche, gebrechliche Leben überbewerten!

Oh, wie dumm und glaubensleer sind diejenigen, welche so sehr am Irdischen hängen, dass sie ausschließlich an sinnlichen Dingen Geschmack finden! Aber diese Elenden werden am Ende gewiss auf die harte Tour lernen, wie nichtig all diese Dinge gewesen sind, die sie in ihrem Leben vergöttert haben.

Erleuchtete Menschen haben ihren Blick einerseits nach innen und andererseits über sich hinaus gerichtet, um zu verhindern, dass sie von der Liebe zu den sichtbaren und vergänglichen Dingen in die Tiefe gezogen werden.

Verliere also das Vertrauen nicht! Du kannst große Fortschritte in deinem spirituellen Leben machen! Noch hast du Zeit und Gelegenheit.

Warum willst du deine guten Vorsätze auf später verschieben? Mache dich auf! Fange noch diesen Augenblick an und sage: Jetzt ist es Zeit! Du musst durch Feuer und Wasser gehen, ehe du zur Erleuchtung gelangst. Wenn du es dir allerdings zu leicht machst, so wirst du deine Laster nicht überwinden. Solange wir diesen gebrechlichen Leib tragen, können wir nicht ganz von allen schlechten Gewohnheiten befreit sein. Wir können gar nicht ohne Ekel oder Schmerzen leben. Wir müssen

Geduld haben und warten, bis unsere Leiden vorübergehen. Eines Tages wird alles Sterbliche vom Leben verschlungen sein.

Erleuchtete Menschen haben ihren Blick nach innen gerichtet, um zu verhindern, dass ihre Liebe zu den sichtbaren und vergänglichen Dingen sie in die Tiefe zieht. Doch die Menschheit befindet sich in einem hedonistischen Treibhaus, nicht nur was die Erderwärmung betrifft. Es gilt, was schon Goethe kritisierte: alles sofort und umsonst. Wir wollen mit einer Hand mehr nehmen, als diese Hand fassen kann, und sind so sehr der Diesseitigkeit verfallen, dass wir die Sprossen, die einzelnen Sprossen der Leiter gar nicht mehr erkennen, geschweige denn besteigen können. Unser Rucksack ist so voll mit vergänglichem Tand, dass er uns am Boden hält.

Über den Tod

Das Leben ist endlich. Gerade deshalb solltest du darauf achten, wie es um dich steht. Heute ist der Mensch, und morgen ist er vielleicht nicht mehr. Wenn wir ihn aber nicht mehr sehen, werden wir auch bald nicht mehr an ihn denken. Wie kurzsichtig ist ein Mensch und wie hart ist sein Herz, wenn er allein die Gegenwart betrachtet und nicht sorgfältig auf die Zukunft blickt!

Du könntest dich bei all deinen Taten und Gedanken so verhalten, als müsstest du heute noch sterben. Wenn du ein gutes Gewissen hast, wirst du den Tod weniger fürchten.

Der morgige Tag ist ungewiss. Wer weiß schon, wer ihn erleben wird? Was nützt es, lange zu leben, wenn wir uns nicht weiterentwickeln? Auch während eines langen Lebens kommen manche Menschen in ihrer geistigen Entwicklung keinen Schritt voran. Oft vergrößern sie ihre Laster und schlechten Gewohnheiten nur noch mehr.

Stell dir vor, du könntest auch nur einen einzigen Tag auf dieser Welt als wirklich guter Mensch verbringen! Viele denken, sie seien schon längst ein guter, demütiger Mensch, aber oft haben sie sich wenig gebessert. Es ist heilsam, sich die Stunde des eigenen Todes immer wieder vor Augen zu führen und sich täglich zum Sterben bereit zu fühlen. Vielleicht hast du schon einmal einen Menschen sterben sehen. Bedenke, dass auch du diesen Weg eines Tages gehen wirst.

Stell dir schon am Morgen vor, dass du vielleicht den Abend nicht mehr erleben wirst. Ist aber der Abend gekommen, so versprich dir den morgigen Tag nicht mehr. Sei immer bereit und lebe so, dass dich der Tod nicht unvorbereitet antrifft.

Viele Menschen sterben plötzlich und unversehens. Wenn einmal diese letzte Stunde anbricht, so wirst du über dein ganzes vergangenes Leben ganz anders denken.

Und du wirst es womöglich sehr bedauern, dass du so nachlässig und träge gewesen bist.

Glücklich und weise ist, wer es schafft, im Leben so zu sein, wie er wünscht, auf dem Totenbett gefunden zu werden!

Wer alles Vergängliche eher verachtet, wer Disziplin hat, uneitel ist und Probleme stoisch erträgt, wird in seiner letzten Stunde große Zuversicht haben, er wird mit einem guten Gefühl sterben, wenn sein Tag gekommen ist.

Jetzt, da du gesund bist, kannst du so viel Gutes tun. Was du aber in deiner Krankheit wirst tun können, weiß ich nicht. Wenige werden durch Krankheit gebessert. Und es werden auch diejenigen, welche oft wallfahrten, selten heiliggesprochen.

Verlass dich nicht auf Freunde und Verwandte und verschiebe die Sorge für dein Heil nicht auf die ungewisse Zukunft, weil die Menschen dich viel schneller vergessen werden, als du es dir vorstellen willst. Es ist besser, jetzt für die Zukunft zu sorgen und Gutes zu tun, als auf die Hilfe anderer zu hoffen. Wenn du nicht jetzt für dich selbst sorgst, wer wird in Zukunft für dich sorgen?

Zeit ist kostbar. Es wird vielleicht einmal eine Zeit kommen, in der du dir einen einzigen Tag oder auch nur eine einzige Stunde mehr zur Besserung deines Lebens wünschen wirst. Ob du sie aber erhalten wirst, weiß ich nicht.

Wer wird nach deinem Tod noch an dich denken? Wer wird für dich beten?

Jetzt, mein geliebter Mitmensch, jetzt tue, so viel du auch kannst, weil du nicht weißt, wann du sterben wirst und was nach dem Tod passieren wird. Sammle jetzt Wahrheiten statt Reichtümer, jetzt, da du noch Zeit hast. Mache dir jetzt Freunde, damit sie dich am Ende deines Lebens in die ewigen Wohnungen aufnehmen.

Betrachte dich auf Erden immer als Fremden und als Gast, welchen die Weltgeschäfte nichts angehen. Halte dein Herz frei, denn du hast hier keine bleibende Stätte.

Der griechische Dichter Äsop schrieb dazu im 6. Jahrhundert vor Christus eine weltberühmte Fabel über zwei Frösche, die auf Wanderschaft gingen und zu einem Bauernhof kamen. In der Kammer fanden sie eine große Schüssel Milch und hüpften hinein. Die Milch schmeckte gut, aber nachdem sie sich gelabt hatten, kamen sie nicht mehr aus dem Glas heraus. Sie mühten sich ab, vergebens. Ein Frosch quakte: »Das Strampeln ist umsonst, das Schicksal ist gegen uns, ich gebe auf.« Er ertrank. Der andere Frosch kämpfte weiter, und seine Hingabe wurde belohnt. Er fühlte Butterbrocken unter seinen Füßen, einen Boden, mit letzter Kraft stieß er sich ab und hüpfte in die Freiheit.

In dieser Fabel gibt es einen entscheidenden Satz. *Quidquid agis prudenter agas et respice finem.* Was immer du machst, mache es gut, aber bedenke das Ende.

Fehler und Strafen

Stell dir in allem, was du tust, einen strengen Richter vor, welchem nichts verborgen bleibt, der sich nicht durch Geschenke besänftigen lässt und der keine Entschuldigung annimmt. Allein die Gerechtigkeit interessiert ihn. Jetzt das Richtige tun. Jetzt Entschuldigung sagen. Jetzt durch Reue alles wieder gut machen. Alleine das zählt. So kannst du deine Seele reinigen.

Geduldig sein. Beleidigungen ertragen. Mehr daran denken, wie es dem Feind geht, als was er gesagt oder getan hat. Bete für deine Feinde. Bitte andere um Verzeihung. Sei großzügig, statt leicht zu beleidigen. Sei streng zu dir, aber nicht zu anderen. Mache deine Fehler jetzt gleich wieder gut, als auf ein jüngstes Gericht zu warten. Wenn wir uns selbst zu sehr lieben und uns alles durchgehen lassen, betrügen wir uns letztendlich nur selbst.

Fehler werden bestraft. Je weicher du heute zu dir selbst bist, umso härter wird es dich morgen treffen.

Menschliche Fehler, das sind zum Beispiel Neid, Arroganz, Geiz. Jedes Laster hat seine eigene Qual. Wer heute arrogant ist, wird sich morgen schämen. Wer heute geizig ist, wird bittere Armut kennenlernen. Wer seine Fehler heute bereut, dem erwächst ein Vertrauen, dass alles gut wird. Demut siegt. Arroganz leidet.

Wer lernt, das eigene Ego zu verachten,
wird weise. Ihm wird jedes geduldig
überstandene Problem Freude bringen.

Wer sich heute richtig verhält, wird sich morgen freuen. Wer rücksichtslos und egoistisch ist, wird morgen trauern. Einfache Kleidung wird in neuem Glanz erstrahlen. Kostbares Gewand wird seinen Glanz verlieren. Die ärmliche Wohnung wird gemütlicher sein als der goldene Palast. Geduld wird mehr helfen als alle Macht der Welt.

Dann wird ein reines und gutes Gewissen größere Freude bringen als die Wissenschaft der Weltweisen. Dann wird die Verachtung der Reichtümer ein größeres Gewicht haben als alle Schätze der Erde. Dann wirst du mehr getröstet werden von andächtigen Gebeten als von üppigen Speisen. Dann wirst du dich mehr freuen über dein Schweigen als über lange, unnütze Unterredungen. Dann werden die guten Werke mehr gelten als viele Worte. Dann wird ein diszipliniertes Leben dir mehr gefallen als alle irdischen Freuden. Lerne jetzt das Leichtere mit Geduld zu ertragen, damit du dich dann von dem Schwereren befreien kannst.

Wenn du auch bis auf den heutigen Tag immer in Ehren und Freuden gelebt hättest, was würde dir all das nützen, wenn du jetzt augenblicklich sterben müsstest? Alles ist nichts, außer die ewige, wahre, vollkommene Liebe.

In der französischen Sprache gibt es übrigens ein schönes Synonym für den Tod: *rendre l'âme*. Die Seele zurückgeben. Die Frage ist nur, wie wir sie unversehrt oder sogar von Vergangenem geheilt und verbessert dem Universum überlassen werden. Thomas von Kempen gibt eine Anleitung dafür.

Besser leben

Denke oft darüber nach: Wozu bist du auf die Welt gekommen? Ist es nicht deswegen geschehen, damit du dich geistig weiterentwickelst? Darum musst du mit viel gutem Willen danach streben, immer besser zu werden, weil du den Lohn für deine Bemühungen bald empfangen wirst. Dann wird alle Angst und aller Schmerz von dir verbannt sein. Bemühe dich jetzt intensiv für eine kurze Zeit, und du wirst süße Ruhe, ja ewig dauernde Freude finden.

Wenn du dir selbst treu bleibst und deine Pflichten mit viel gutem Willen erfüllst, so wird gewiss auch der Schöpfer dir treu sein und deine Bemühung reichlich belohnen. Du brauchst Vertrauen. Versprich dir selbst keine Sicherheit. So verfällst du nicht in Faulheit und Arroganz.

Es war einmal ein Mensch, der angstvoll zwischen Furcht und Hoffnung schwebte und sich höchst niedergeschlagen in der Kirche vor dem Altar auf seine Knie warf. Er betete und sagte: »Ach, wenn ich doch wüsste, ob in meinem Leben sich alles zum Guten wenden wird!«

Da hörte er innerlich eine himmlische Stimme, welche zu ihm sprach: »Und wenn du es wüsstest, was würdest du dann tun? Tue schon jetzt, was du dann tun würdest, und du wirst vollkommen sicher sein.«

Getröstet und gestärkt übergab sich der Mensch ganz dem göttlichen Willen, und sein ängstliches Zweifeln hörte auf. Er hörte auf zu grübeln, sondern er spürte nur noch, was das Richtige und Vollkommene nach göttlichem Willen wäre.

Hoffe und tue das Gute. Bleib im Lande und nähre dich von seinen Schätzen. Was viele von einem guten Leben abhält: die Angst vor Hindernissen und Anstrengung. Wer diese Angst ablegt, wird viele Schwierigkeiten überwinden.

Was dir schwierig erscheint und was dir zuwider ist, gerade das musst du großmütig überwinden. Denn der Mensch macht die größten geistigen Fortschritte, je mehr er sich selbst und seinen Egoismus überwindet.

Es haben zwar nicht alle Menschen gleich viel zu überwinden, aber ein Mensch, der sich um Disziplin bemüht, wird, obgleich er mehrere böse Neigungen zu bekämpfen hat, doch einen größeren Fortschritt machen, als ein anderer, der zwar ein gutes Gemüt hat, aber sich nicht so bemüht.

Zweierlei hilft besonders: Erstens solltest du dich vehement und mit Nachdruck von deinen schlechten Gewohnheiten abhalten. Zweitens solltest du genau nach den Eigenschaften streben, die dir am schwersten fallen.

Arbeite auch daran, genau jene Verhaltensweisen abzulegen, die dir an anderen Menschen am meisten missfallen.

Sei bei jeder Gelegenheit auf deinen spirituellen Fortschritt bedacht. Wenn du gute Beispiele siehst oder hörst, sollte in dir der Wunsch wachsen, sie nachzuahmen. Bemerkst du Fehler an anderen, dann hüte dich wohl, die gleichen zu machen. Wenn es dir dann doch passiert ist, dann versuche sofort, den Fehler wiedergutzumachen. Wie deine Augen auf andere gerichtet sind, genauso wirst du auch von anderen beobachtet. Wie angenehm und trostreich ist es deshalb, fleißige, demütige und reflektierte Menschen um sich zu haben!

Ein eifriger Ordensmann erträgt alles willig und verrichtet gerne, was ihm befohlen wird. Ein nachlässiger Ordensmann spürt Trübsal und wird von allen Seiten geängstigt, weil er des inneren Trostes beraubt ist. Auch für Laien gilt:

Wer ständig eine größere Freiheit sucht und immer noch ein bisschen bequemer leben will, wird immer Beklemmung fühlen, denn ihm gefällt einmal dieses, einmal jenes nicht. Wer launisch ist, findet keinen Trost.

Der römische Dichter Horaz hielt an einer Maxime fest: *Dimidium facti, qui coepit, habet sapere aude: incipe!* Das bedeutet: Die Hälfte seines Werks hat der schon, der erst einmal angefangen hat. Wage es, vernünftig zu sein: Fang an!

Viele Menschen stehen am Crosstrainer, laufen wie die Hamster im Rad, stählen ihre Körper, stöhnen und ächzen und vergessen dabei, wie wichtig es ist, auch die Seele zu trainieren. Den Gottesmuskel der Transzendenz.

Der Weg ins innere Leben

Zweites Buch

Vom inneren Wandel

Das Reich Gottes ist in euch, sagt der Schöpfer. Bekehre dich von ganzem Herzen zur Vollkommenheit des Kosmos und deine Seele wird Ruhe finden. Lerne das Äußerliche zu verachten und das Innerliche zu schätzen, und du wirst die beständige Wahrheit sehen. Wer nach innen blickt, wird Zuspruch und Trost finden, Frieden und Vertrauen.

Je öfter und tiefer du nach innen blickst,
desto mehr wirst du staunen, über das zärtliche
Gefühl dieses inneren Friedens.

Wenn du dem Kosmos vertraust, bist du wirklich reich und hast immer genug. Er wird dein treuer Versorger sein und dir alles schenken, sodass du es nicht nötig hast, auf die Menschen zu hoffen. Denn die Menschen ändern sich schnell und oft. Das große Ganze aber bleibt ewig und sein Beistand für dich wird sich bis ans Ende nicht verändern.

Auf einen Menschen darfst du kein großes Vertrauen setzen, denn er ist sterblich. Auch wenn uns ein Mensch auch noch so nützlich und wichtig sein sollte. Ebenso wenig solltest du dich betrüben, wenn ein Mensch einmal gegen dich ist und dir widerspricht.

Wer heute noch auf deiner Seite ist, könnte morgen schon gegen dich sein. Menschen ändern sich oft wie der Wind.

Setze dein ganzes Vertrauen auf den Schöpfer und liebe ihn allein. Er wird für dich antworten und alles so richten, wie es am besten sein wird. Du hast hier auf der Erde keine bleibende Stätte, und wo immer du sein magst, bist du ein Fremder und Wanderer. Du wirst niemals Ruhe haben, wenn du nicht innig mit der beständigen Wahrheit vereinigt bist.

Warum konzentrierst du deinen Blick auf diese Welt, obwohl sie doch nicht der Ort deiner Ruhe ist?

*In der Ewigkeit soll deine Heimat sein.
Alles Irdische solltest du nur wie im Vorbeigehen anschauen. Alle Dinge vergehen und du mit ihnen.
Siehe zu, dass du ihnen nicht anhängst, dass sie dich nicht fesseln und du zugrunde gehst.*

Auch Christus wurde in dieser Welt von den Menschen verachtet und in der größten Not von Bekannten und Freunden unter Schmähungen verlassen. Jesus nahm es gelassen hin zu leiden und verachtet zu werden. Er hatte Feinde und Gegner. Warum ist es dir so wichtig, dass alle dein Freund und Wohltäter sind? Wie soll deine Geduld gekrönt werden, wenn dir keine Widrigkeiten im Leben zustoßen?

Wieso lässt ein allmächtiger Schöpfer Leid überhaupt zu? Die Antwort auf diese uralte Frage ist einfacher, als es in manchen theologischen Abhandlungen scheint: Der Schöpfer ist weder ein Schiedsrichter noch ein Sicherheitsunternehmer, Arzt, Psychotherapeut, Hausmeister oder alles in einem, der uns Menschen vor Leid schützen soll. Er ist ein Begleiter, der uns Möglichkeiten gibt. Die, mit ihm in dem von Sokrates formulierten Sinn zu kommunizieren, und die, zur Erleuchtung zu gelangen und in eine andere Seinsform aufzusteigen. Wenn wir das tun, wird es uns an nichts fehlen, was wir dafür brauchen, sagt Thomas von Kempen.

Über Demut

Kümmere dich nicht viel darum, wer für dich ist oder gegen dich. Versuche bei allem ein gutes Gewissen zu behalten. Manchmal ist Schweigen das Richtige. Manchmal müssen wir leiden, bis wir Hilfe bekommen. Und sehr oft ist es nützlich, wenn andere unsere Fehler erkennen und kritisieren.

Wenn du deine Fehler siehst, wirst du dich auch leichter mit anderen versöhnen. Es wird dir leichter fallen, jene zu besänftigen, die wütend auf dich sind.

Der Schöpfer beschützt, liebt und rettet dich, wenn du demütig bist. Dem demütigen, bescheidenen Menschen offenbart er seine Geheimnisse. Auch ein Mensch, der große Fehler gemacht hat, kann seinen Frieden finden.

Im Psalm 23 der Bibel stehen dazu diese Worte, die sich wunderbar als Meditationstext eignen: »Der Herr ist mein Hirte, mir wird nichts mangeln, er erquicket meine Seele. Und ob ich schon wanderte im finsteren Tal, fürchte ich kein Unglück, denn du bist bei mir, dein Stecken und Stab trösten mich. Du bereitest vor mir einen Tisch im Angesicht meiner Feinde. Du salbest mein Haupt mit Öl und schenkst mir voll ein. Gutes und Barmherzigkeit werden mir folgen mein Leben lang, und ich werde bleiben im Hause des Herren immerdar.«

In Frieden leben als guter Mensch

Lebe zuerst mit dir selbst in Frieden, dann wirst du ihn auch bei anderen stiften können.

Es ist wichtiger, friedfertig zu sein, als gebildet. Ein getriebener Mensch missbraucht sogar das Gute zum Bösen und fällt sehr leicht auf das Böse herein. Ein guter, friedfertiger Mensch wendet alles zum Guten.

Wer mit sich selbst im Frieden lebt, spürt keinen Hass. Wer aber unzufrieden und in Unruhe ist, spürt ständig

Misstrauen. Er ruht selbst nicht in sich und gestattet auch anderen keine Ruhe. Er sagt oft, was er nicht sagen sollte. Er tut nicht, was er eigentlich tun sollte. Er denkt lieber über die Pflichten anderer Menschen nach und vernachlässigt dabei seine eigenen. Konzentriere dich also auf deine eigenen Aufgaben, statt ständig nach links und rechts zu schielen.

Es ist leicht, sich zu entschuldigen oder Ausreden zu erfinden. Du weißt wohl dein Betragen zu entschuldigen und zu beschönigen: Entschuldigungen anderer anzunehmen fällt uns oft schwer. Dabei wäre es viel besser, sich selbst zu kritisieren und unserem Gegenüber zu vergeben. Willst du von anderen ertragen werden, so ertrage auch andere. Prüfe, wie weit du noch von der wahren Liebe und echter Demut entfernt bist.

Wahre Liebe ärgert sich über niemanden.
Nur über sich selbst.

Es ist keine große Leistung, sich mit guten und sanftmütigen Menschen zu vertragen, denn das ist natürlich und angenehm. Jeder hat gern Frieden und liebt diejenigen mehr, welche die gleiche Einstellung haben. Aber mit rauen und ungesitteten Menschen oder mit unseren Widersachern in Frieden zu leben, das ist eine große Gnade. Das ist höchst lobenswürdig.

Es gibt Menschen, die mit sich selbst im Frieden
leben und auch mit anderen Frieden haben. Es gibt

aber auch andere, die weder selbst Frieden genießen noch andere in Frieden lassen. Sie sind anderen und noch mehr sich selbst eine Last.

Es gibt auch Menschen, die nicht nur bei sich selbst Frieden haben, sondern auch versuchen, andere zum Frieden zu bringen. Doch besteht in diesem schwierigen Leben unser ganzer Friede darin, die Widerwärtigkeiten mit Demut zu ertragen. Sie gar nicht zu empfinden ist nicht möglich. Wer das unvermeidliche Leiden besser erträgt, wird desto tieferen Frieden spüren.

Jeder Ärger bedeutet gleichzeitig eine Prägephase. Jeder Mensch hat Prägejahre hinter sich, entscheidende Erlebnisse, Stempelabdrücke des Lebens sozusagen. Uns dieser Prägungen bewusst zu werden, hilft uns, in Frieden mit uns selbst und als Folge davon auch mit anderen zu leben.

Bescheidenheit und Anstand

Mit zwei Flügeln schwingst du dich als Mensch über das Vergängliche empor, sie heißen: Bescheidenheit und Anstand. Wenn wir bescheiden bleiben, machen wir uns bereits auf die Suche. Wenn wir es schaffen, anständig zu sein, werden wir Antworten finden.

Wenn du ein reines Gewissen hast und ein guter Mensch bist, kannst du alles ganz mühelos verstehen. Ein reines Herz findet Transzendenz.

Wie du dich innerlich fühlst, so wirst du dich auch äußerlich verhalten. Wahre Freude spüren nur Menschen, die ein reines Herz haben. So wie das Eisen im Feuer den Rost verliert und beginnt zu glühen, genauso wird auch der Mensch, der sich der Wahrheit verschreibt, erwachen und zu einem neuen Menschen werden.

Wenn du bequem wirst, fürchtest du dich schon vor kleinen Problemen und bist ständig angewiesen auf Hilfe und Trost von außen.

Wenn du beginnst,
dein Ego zu überwinden
und die beständige Wahrheit zu suchen,
dann wird dir vieles,
was dir vorher schwierig vorkam,
lächerlich vorkommen.

Die beständige Wahrheit ist ein Sinnbild für das große, alles verbindende Ganze, in das wir eingebettet sind, das aber unseren Geist übersteigt. Ein Mensch mit reinem Herzen und gutem Gewissen tut sich leichter, es zu verstehen. Ihm erschließt es sich eher. Eine Behauptung Thomas von Kempens, bei der sich die Probe aufs Exempel nur lohnen kann.

Von der Aufmerksamkeit für sich selbst

Wir dürfen uns selbst nicht zu viel zutrauen, weil uns oft die Gnade und die Einsicht abgehen. Wir haben ein schwaches Licht in uns und aus Nachlässigkeit können wir auch dieses kleine Lichtlein schnell verlieren. Oft werden wir gar nicht einmal gewahr, wie blind wir in unserem Innern sind. Wir tun Böses und handeln noch böser, weil wir es uns selbst entschuldigen. Manchmal lassen wir uns von Neigungen mitreißen und halten es für Eifer und Motivation. Wir kritisieren an anderen geringe Fehler und unsere eigenen, weit größeren, übersehen wir. Wenn wir etwas für andere tun und vielleicht sogar dabei leiden, kommt uns das schlimm vor. Gleichzeitig bemerken wir gar nicht, was andere für uns tun und wie sie vielleicht sogar dabei leiden. Wer sich selbst ganz ehrlich beurteilt und prüft, hat gar keinen Grund mehr, streng über andere zu urteilen.

Ein Mensch, der spirituell lebt, zieht die Sorge um sich allen anderen Sorgen vor. Wer seine Aufmerksamkeit auf sich selbst richtet, wird gern von anderen schweigen. Du wirst nie ein gesammelter und andächtiger Mensch werden, wenn du von anderen nicht schweigst und deine Hauptsorge nicht auf dich selbst richtest. Wenn du dich gänzlich mit dir beschäftigst, dann wird das, was du von außen hörst, einen geringen Eindruck auf dich machen.

Wo bist du, wenn du dir selbst nicht gegenwärtig bist? Und wenn du die ganze Welt durchläufst, dich selbst aber vernachlässigst, was wird es dir nützen?

Wenn du wahren Frieden genießen und eins mit dir selbst sein willst, so musst du alles Übrige geringachten und deine Augen auf dich allein richten.

Du wirst in deiner persönlichen Entwicklung weiterkommen, wenn du dich von allen täglichen Sorgen befreist. Du wirst Rückschläge erleben, wenn du Vergängliches überschätzt. Was ist wirklich wichtig?

Halte nichts für groß oder hoch, nichts für angenehm und wertvoll als nur das Ewige. Allen Trost, den dir Menschen oder Tiere spenden, halte für vergänglich. Nur das Beständige ist der wahre Trost der Seele und die wahre Freude des Herzens. Wenn der Körper zerfällt, endet die Zeit, und es beginnt die Ewigkeit.

Ich traf einmal den Quantenphysiker Anton Zeilinger im Forum Alpbach. Er sagte einen entscheidenden Satz: »Am Anfang war die Information.« Er sprach nicht von einem Wort, das gemäß der Bibel am Anfang stand, sondern eben ausdrücklich von Information. Von Information, die vom Urknall ausgehend allem zugrunde liegt, dem Universum, diesem Planeten, uns Menschen und dem Verlauf unseres Lebens. Was uns dann bleibt ist ein Spin, den wir dieser Information mitgeben, für die Zeit, in

der wir selbst wieder in Form von Materie zu existieren aufgehört haben.

Das gute Gefühl eines guten Gewissens

Der Ruhm eines guten Menschen ist ein gutes Gewissen. Bemühe dich immer, ein gutes Gewissen zu haben, und du wirst dich gut fühlen. Ein gutes Gewissen kann sehr vieles verändern und schenkt dir sogar in Krisenzeiten Seelenfrieden. Ein schlechtes Gewissen ist immer furchtsam und unruhig. Du wirst sanft in dir ruhen, wenn dir dein Herz nichts vorzuwerfen hat. Freue dich nur dann, wenn du Gutes getan hast. Die Bösen haben nie wahre Freude, sie erleben keinen inneren Frieden.

Wer die wahre Liebe spürt, dem fällt es leicht, sich zu seinen eigenen Schwierigkeiten und Problemen zu bekennen. Wenn du das Kreuz annimmst, das du wie jeder andere Mensch trägst, kannst du es mit Fassung tragen. Du kannst dich seiner rühmen.

Der Ruhm, den die Menschen einander geben und voneinander erhalten, ist von kurzer Dauer. Den Ruhm der Welt begleitet immer Traurigkeit. Der Ruhm der Guten dagegen besteht in ihrem guten Gewissen.

Wer den wahren und ewigen Ruhm sucht, macht sich keine Sorgen mehr über den vergänglichen Ruhm. Wer nichts mehr auf Lob, Bestätigung oder Kritik der Menschen gibt, der wird sanfte Ruhe in seinem Herzen genießen.

Wer ein reines Gewissen hat, wird leicht zufrieden und ruhig sein. Du bist nicht besser, wenn du gelobt wirst. Du bist nicht schlechter, wenn du kritisiert wirst. Was du bist, das bist du. Wenn du auf dein Inneres achtest, wird es dir egal sein, was die Leute von dir reden.

Der Mensch betrachtet die Handlungen anderer, der Schöpfer aber erwägt ihre Absichten. Immer Gutes tun und sich selbst gering zu achten, das ist ein Zeichen einer demütigen Seele.

Wer von außen keine Bestätigung mehr braucht,
der gibt zu erkennen, dass er sich ganz der
beständigen Wahrheit verschrieben hat.

Innerlich mit dem Schöpfer zu wandeln und äußerlich von nichts mehr abhängig zu sein, das ist der Zustand eines spirituellen, nach innen gewandten Menschen.

Je höher wir auf der Himmelsleiter nach oben gelangen, umso ruhiger werden wir, umso gelassener, ausgeglichener und sicherer. Die Erleuchtung wird uns nicht geschenkt. Wir müssen sie uns erarbeiten. Nicht in einer Vier-Tage-Woche, nicht im Homeoffice und nicht lebensbegleitend. Wenn wir die Möglichkeit einmal erkannt haben, verwandelt sich unser ganzes Leben, Denken und Fühlen in diese Arbeit.

Die größte Liebe

Glücklich ist derjenige, der die beständige Wahrheit liebt und sich selbst nicht so wichtig nimmt. Das kann auch Verzicht bedeuten. Die Liebe zwischen Menschen kann uns täuschen und unbeständig sein. Die Liebe zu unserem Schöpfer ist treu und währt ewig. Liebe ihn und mach ihn dir zum Freund. Er wird dich niemals verlassen. Auch nicht, wenn alle anderen sich von dir lösen. Eines Tages wirst du selbst dich von allem und allen lösen müssen, ob du nun willst oder nicht. Deshalb ist die wahre, die größte Liebe so wichtig.

Diese Liebe gibt uns Zeit unseres Lebens Kraft.

Alles Lebendige ist wie das Gras, es welkt, es vergeht.
Deine Liebe zu deinem Schöpfer und seine
Liebe zu dir sind unsterblich.

Wenn du dich auf den äußeren Schein der Menschen konzentrierst, wirst du betrogen werden. Wenn du die höhere Liebe suchst, wirst du sie finden. Wenn du nur dich selbst in allem suchst, wirst du dich finden und es wird dir nicht guttun. Du wirst um dich kreisen. Du wirst keinen Trost finden. Ein Mensch, der sich nicht auf die Suche nach der wahren, der höheren Liebe macht, schadet letztendlich sich selbst am meisten.

Goethe schrieb unter dem Titel *Selige Sehnsucht* folgendes Gedicht:

Sagt es niemand, nur den Weisen,
Weil die Menge gleich verhöhnet,
Das Lebend'ge will ich preisen,
Das nach Flammentod sich sehnet.

In der Liebesnächte Kühlung,
Die dich zeugte, wo du zeugtest,
Überfällt dich fremde Fühlung,
Wenn die stille Kerze leuchtet.

Nicht mehr bleibest du umfangen
In der Finsternis Beschattung,
Und dich reißet neu Verlangen
Auf zu höherer Begattung.

Keine Ferne macht dich schwierig,
Kommst geflogen und gebannt,
Und zuletzt, des Lichts begierig,
Bist du Schmetterling verbrannt.

Und so lang du das nicht hast,
Dieses: Stirb und werde!
Bist du nur ein trüber Gast
Auf der dunklen Erde.

Es ist eins der am meisten interpretierten Gedichte Goethes und die Generationen der literarischen Welt zerschellen eine nach der anderen daran. Doch stellen wir es in den Kontext der Himmelsleiter und

der vier Jahrhunderte vor Goethes Zeit entstandenen Schriften Thomas von Kempens, scheinen die Strophen ihr Geheimnis auf einmal preiszugeben. Goethe preist die Lebenden, die sich selbst zu überwinden trachten, und die als Erkenntnis stiller Stunden nach göttlicher Vereinigung, nach dem Einswerden mit dem Licht, streben. Sie scheitern, aber sie werden es nicht mehr tun, wenn sie dieses »Stirb und werde« haben. Wenn sie sich also tatsächlich überwunden haben.

Freundschaft mit dem Leben

Wenn du Gottvertrauen hast, dann ist alles gut und nichts scheint beschwerlich zu sein. Wenn du dieses Vertrauen nicht spürst, ist alles schwer und drückend. Schon ein einziges göttliches Wort kann großen Trost spenden. Maria Magdalena weinte. Doch als Martha zu ihr sagte: »Der Meister ist da und ruft dich«, spürte sie sofort Freude, hörte auf zu weinen und stand voll neuer Lebenskraft auf.

Eine Welt ohne Gottvertrauen kann sich anfühlen wie eine schreckliche Hölle. In einem Leben voll Liebe, Vertrauen und Besinnung kann die Welt zu einem freudigen Paradies werden. Wer Jesus findet, findet einen reichen Schatz. Das höchste Gut über allen Gütern.

Mit der göttlichen, der kosmischen Liebe durchs Leben zu gehen, das ist eine wahre Kunst. Wer lernt, sie auch in Krisenzeiten festzuhalten, ist weise. Sei demütig und friedfertig, und Jesus wird bei dir sein. Sei andächtig und ruhig, und Jesus wird bei dir bleiben. Und wenn du ihn einmal verloren hast, an wen wirst du dich dann wenden? Ohne Freund kannst du nicht vergnügt leben. Noch vor allen geliebten Menschen sollte Jesus dein Freund sein. Denn seine Liebe währt ewig.

Der genannte Philosoph Sloterdijk schrieb: »Die wirkliche Welt ist alles, was außerhalb der Wahrnehmung der Fall ist. Es sei denn, das Auge würde hellsichtig werden und schaut für einige Momente hinter diesen Vorhang. Oder die entrückten Schwingungen erbarmen sich unser und wechseln für die Dauer von Sekunden auf die für uns zugänglichen Frequenzen.«

Wenn wir Trost brauchen

Wenn du einmal himmlischen, inneren Trost gefunden hast, ist es relativ leicht, unabhängig von menschlichem Trost zu sein. Du bist nicht mehr so sehr auf andere Menschen angewiesen. Du wirst ein Stückchen freier. Sehen wir es als Wegmarke auf der spirituellen Reise. Wer sich aber noch freier, noch stärker fühlen möchte, der braucht weder menschlichen noch göttlichen Trost. Und wie geht das? Indem du dich selbst vergisst, indem du dein eigenes Ego endlich verstummen lässt. Es geht nicht um dich. Es geht um etwas Größeres. Diese Erkenntnis ist allen Menschen zu wünschen.

Wer sich von allen Bedürfnissen befreit, wird frei.
Wer nichts mehr braucht, hat alles.

Es ist nur natürlich, dass wir uns alle nach Trost von außen sehnen und dass es uns schwerfällt, unser Ego zum Verstummen zu bringen. Vielleicht hilft uns dabei die Geschichte des heiligen Laurentius. Er überwand die Welt, indem er alles Weltliche verachtete. Als er Papst Sixtus, den er innig liebte, gehen lassen musste, blieb ihm nur noch die kosmische, die göttliche Liebe. In ihr fand er Trost. Auch wir müssen uns im Leben von geliebten Freunden verabschieden. Diese Liebe fängt uns dann auf.

Täusche dich nicht, die spirituelle Reise ist lang
und beschwerlich. Der Mensch muss viel und
lange mit sich selbst streiten, ehe er sich
selbst vollkommen überwindet.

Das Leben Christi zeigt uns, wie lohnend es ist, harte Prüfungen und Krisen zu ertragen.

Wenn du diesen übernatürlichen Trost spürst,
dann nimm ihn mit Dank an. Sieh diesen Trost eher
als ein Geschenk des Schöpfers an und nicht als
eigenen Verdienst. Werde nicht eingebildet und
arrogant, wenn du den Schöpfer gefunden hast.
Bleibe demütig und bescheiden.

Wer sich von allen Bedürfnissen befreit, wird frei. Wer nichts mehr braucht, hat alles. Diese Denkweise ist auch im Weisheitsschatz des Buddhismus zu finden. Stellen wir uns als Meditationsübung vor, dass wir im Universum jenseits von Raum und Zeit aufgehen. Wir nehmen das Diesseits noch wahr, aber es hat jegliche Bedeutung verloren. Nehmen wir so vorweg, Lichtwesen zu sein.

Wohltuende Dankbarkeit

Warum suchst du ständig nach Ruhe und Bequemlichkeit? Menschen sind geboren, um zu arbeiten und sich zu bemühen. Bemühe dich um Geduld. Höre auf, überall Ablenkung und Entspannung zu suchen. Befasse dich eher damit, wie du dein Leben gut meistern kannst, als damit, allen Schwierigkeiten aus dem Weg zu gehen.

Wer sich ständig alles gönnt und sich selbst am wichtigsten nimmt, der wird keinen Frieden finden. Er wird immer mehr wollen. Sein Ego wird die Führung übernehmen und ein strenges Regiment führen. Er wird eines Tages alles verlieren. Wer sein Ego gezähmt hat, wird große geistige Reichtümer ernten.

Ich will keinen Trost, der mich einlullt und in falscher Sicherheit wiegt. Ich will keine Bequemlichkeit, die mich nur arrogant und abgeklärt macht. Nicht alles, was hoch ist, ist heilig. Nicht alles, was angenehm ist, ist gut für dich.

Stelle dich immer unten an, und es wird dir das Höchste gegeben werden. Denn das Höchste besteht nicht ohne das Niedrigste. Die in den Augen des Schöpfers die größten Heiligen sind, halten sich selbst für die Geringsten. Und sie sind desto demütiger, je größer ihre Herrlichkeit ist. Sie sind voller Wahrheit und streben nicht mehr nach eitler, vergänglicher Ehre.

Die Ethik des anstrengenden Lebens, davon hat auch der vormalige amerikanische Präsident Theodore Roosevelt gesprochen. Es geht um mühevolle Herzensbildung, die bei Thomas von Kempen mehr ist als ein Gewinn im Diesseits. Bei ihm bedeutet sie den Gewinn des Jenseits, dem Reichtum im Wege steht. Denn er ist wie ein Magnet. Er zieht noch mehr Reichtum an, unterwirft sich seine Besitzer und hält sie dort, wo sie die Himmelsleiter erklimmen könnten, am Boden fest.

Die innere Stimme

Drittes Buch

Die Ohren verschließen

Höre auf deine innere Stimme. Voran bringen dich Ohren, die nicht auf die Stimmen, die von außen schallen, reagieren. Sie verschließen sich vor den falschen Versprechungen der materiellen Welt. Sie hören nur auf die Wahrheit, die innerlich lehrt. Voran bringen dich Augen, die für äußerliche Dinge geschlossen sind und nur das Innere sehen. Glücklich sind Menschen, die das Innerliche begreifen und durch ihre täglichen Übungen immer besser lernen, die ewigen Geheimnisse zu erkennen. Menschen, die dabei Freude empfinden und sich dabei von allen Problemen der Welt losreißen können. Denk daran und verschließ deine Tore, damit du hören kannst, was deine innere Stimme sagt.

So liebevoll redet der Schöpfer zu dir: Ich bin dein Heil, dein Frieden und dein Leben. Halte dich an mich und du wirst Frieden finden. Verlass alles Vergängliche und strebe nach dem Ewigen.

Was sind alle zeitlichen Dinge anderes als verführerisch? Und was nützen dir alle Geschöpfe, wenn du vom Schöpfer verlassen bist?

Entsage diesen Dingen, und du findest wahres Glück.

Sokrates und Platon haben die innere Stimme, wie im ersten Teil beschrieben, als *eudaimonia* bezeichnet. Die daraus abgeleitete Eudaimonie beschreibt eine gelungene Lebensführung, einen ausgeglichenen Gemütszustand. Die innere Stimme ist nicht nur ein Kompass für den Lebensweg, sie gibt auch Gewissheit auf dem Weg die Himmelsleiter empor.

Die innere Weisheit

Erleuchtete und Propheten unterrichten uns. Doch ohne den Schöpfer sind sie nichts. Deshalb ist es wichtiger, auf den Schöpfer zu hören. Denn er allein kennt die Wahrheit.

Viele reden mit weisen Worten,
aber sie erreichen unseren Geist nicht.

Sie wählen schöne Worte, aber sie entzünden unser Herz nicht. Aus ihren Mündern kommen Worte, Buchstaben. Aber der wahre Sinn liegt in der beständigen Wahrheit. Sie schult und erleuchtet das Herz. Sie gibt uns die Kraft, mit unserem Geist und unserem Herzen zu verstehen. Wir können die Wahrheit spüren.

Im Fernsehen zeigen sich mächtige Menschen, Politiker, aber auch Geistliche, sie sprechen im Radio, wir sehen sie und hören ihnen zu, aber nichts

davon bleibt bei uns hängen. Phrasen. Plattitüden. Mehr ist da nicht.

In der Antike mussten griechische Redner drei Dinge verinnerlicht haben. Erstens: den Logos, sie mussten also gescheit sein. Zweitens den Pathos, sie mussten in der Lage sein, eine Verbindung zum Auditorium aufzunehmen. Und drittens den Ethos, sie mussten anständig sein. Diese drei Dinge unterscheiden Redner von Plapperern.

Die Wahrheit klingt leise

Die Worte, die ich zu euch gesprochen habe, sind Geist und sind Leben, steht in der Bibel. Die beständige Wahrheit übertrifft alles Wissen dieser Welt. Du brauchst sie also nicht nach menschlichen Kriterien zu analysieren und zu beurteilen. Du brauchst dich auch nicht zu fragen, was sie dir bringt oder ob du dich mit ihr gut fühlst. Du kannst sie stillschweigend und entspannt empfangen und sie mit aller Demut und Liebe in dir aufnehmen. Glücklich sind Menschen, die das erkannt haben. Ihnen werden die schlimmen Tage gemildert und sie müssen nicht trostlos auf dieser Erde wandern.

Leider sind viele Menschen dieser beständigen Wahrheit gegenüber taub. Sie hören lieber auf die Welt als auf den Geist. Die Welt verspricht vergängliche Belohnungen und viele dienen ihr deshalb mit großer Begierde.

Wer spirituell lebt, den erwartet höchstes und ewiges Glück. Und doch verharren die Herzen vieler Menschen in Trägheit. Für eine geringe, weltliche Belohnung strengen sich viele über die Maßen an und laufen einen weiten Weg. Für das ewige Leben wollen sie dagegen nicht einmal einen Fuß von der Erde heben.

Viele sind zu träge, um sich für das ewige Glück ein wenig Mühe zu geben. Sie hecheln irdischen Belohnungen hinterher und ihre Hoffnungen werden oft enttäuscht. Sie wählen Eitelkeit statt Wahrheit.
Wer sich nach innen wendet, kann nicht enttäuscht werden. Wer auf die beständige Wahrheit baut, den wird sie ewig stärken. Schreibe diese für alle Zeiten gültigen, wahren Sätze in dein Herz. Denke immer wieder über sie nach, meditiere oder bete. Es wird eine Zeit kommen, in der du sie sehr gut brauchen kannst. Eine Zeit, in der diese starken Überzeugungen und dieses Urvertrauen notwendig sein werden.
Was du jetzt nicht verstehst, wirst du am Tage der Heimsuchung ganz von selbst erkennen und verstehen.

Auf der unteren Ebene ist die Sicht trüb, wie unter Wasser. Das große Ganze scheint sich zu verbergen. Es gibt nur versteckte Hinweise und Andeutungen. Als würde eine unsichtbare Wirkkraft uns motivieren, die Sprossen zu nehmen, eine nach der anderen. Eine innere Stimme, ein innerer Eindruck,

sagen uns: Geh rauf, dann wirst du sehen, wie alles wirklich ist.

Bescheiden und wahrhaftig bleiben

Dein oberstes Ziel sollte die Wahrheit sein. Wer die Wahrheit sucht, wer sich der Wahrheit verpflichtet, der ist gefeit vor feindlichen Angriffen. Die Wahrheit schützt dich vor Menschen, die dich zu Schlechtem verführen oder belügen wollen. Die Wahrheit befreit dich. Du wirst in der Tat frei sein. Das unehrliche Gerede einiger Menschen wird dich nicht mehr kümmern.

Die beständige Wahrheit kannst du spüren, du kannst sie finden, wenn du in dich gehst. Sie lehrt dich, sie schützt dich und sie schenkt dir süße Seligkeit. Sie befreit dich von allen bösen Neigungen und von der Liebe zu den falschen Dingen.

Die Wahrheit lehrt dich, was falsch und was richtig ist. Sie ist dein innerer Kompass. Sie zeigt auf deine Sünden und hilft dir, sie abzulegen. Aber bilde dir auch nicht zu viel darauf ein, wenn du das Richtige tust. Wir Menschen neigen dazu, uns für Nichtigkeiten zu rühmen. Bleibe bescheiden und konzentriere dich auf deine Schwächen. Sie sind deine Lehrmeister. Versuche jeden Tag ein besserer Mensch zu sein als gestern.

Die tiefe, in allem verborgene Wahrheit erleben wir oft nur als eine Ahnung. Die Entscheidung, ein guter

Mensch zu sein, dagegen ist eine Gewissheit. Ein guter Mensch zu sein, hat nichts mit Gutmenschlichkeit zu tun, nichts mit sogenannter Haltung, die Moralapostel für sich beanspruchen. Der wahre gute Mensch steckt in jedem von uns. Jeden Tag können wir ihn aufs Neue suchen und unsere Freundschaft mit ihm vertiefen.

Die Macht der Liebe

Weil wir Menschen Schwächen haben und nur wenige von uns erleuchtet sind, brauchen wir spirituellen Trost und vorbildhafte Stärke. Die ewig gültigen Regeln des guten, des richtigen Lebens helfen uns. Die geistige Liebe kann uns von unseren schlechten Angewohnheiten befreien. Sie kann unser Herz heilen.

Die Liebe ist das höchste Gut. Sie allein kann unsere Beschwerden lindern und sie hilft uns, alle Schwierigkeiten mit Vertrauen und Gleichmut zu ertragen. Denn Liebe trägt unsere Last. Uns wird leicht ums Herz. Alles, was uns vorher schwierig, mühsam und bitter erschien, wird leicht und süß. Die wahre, die kosmische Liebe treibt uns zu großen Werken. Sie weckt in unserem Herzen den Wunsch, uns immer weiter zu verbessern und zu veredeln.

Die Liebe strebt in die Höhe. Sie will sich in den Himmel schwingen und lässt sich niemals von un-

wichtigen, niedrigen Dingen zurückhalten. Nichts ist süßer als die Liebe, nichts stärker, nichts höher, nichts sich weiter erstreckend, nichts angenehmer, nichts vollkommener und nichts besser, weder im Himmel noch auf Erden.

Denn die Liebe ist aus dem Schöpfer geboren und kann, über alles Geschaffene sich emporschwingend, nur im Schöpfer ruhen.

Der Liebende fliegt, er läuft und frohlockt. Er ist frei und kann nicht gehalten werden. Er gibt alles für alles und hat alles in allem, weil er in dem einzigen höchsten Wesen, aus dem alles Gute fließt und hervorgeht, vor allem ruht. Er sieht nicht auf die Geschenke, sondern wendet seine ganze Aufmerksamkeit auf den Schenkenden. Die Liebe weiß von keinem Maße, sondern wird über alles Maß entzündet. Die Liebe empfindet die Last nicht, sie achtet auch die Bemühungen nicht. Sie entschuldigt sich nicht mit Kraftlosigkeit, weil sie meint, dass sie alles könne und dürfe. Sie ist zu allem nützlich, sie vollendet vieles und setzt vieles ins Werk, wo einer, der die Liebe nicht hat, nachlässt und aufgibt.

Die Liebe ist wachsam, und selbst schlummernd schläft sie nicht. Wenn sie sich schon schlapp fühlt, erliegt sie dieser Mattigkeit nicht. Wenn sie Beklemmung spürt, wird sie doch nicht unterdrückt. Wenn sie auch erschreckt wird, lässt sie sich nicht beirren. Wie eine brennende Fackel lodert sie nach oben und dringt überall durch. Wen diese Liebe entzündet hat, wen sie innerlich wärmt, der weiß, wie laut diese Stimme ruft. Er hat gelernt, auf diesen Ruf zu hören.

Wahre Liebe wächst und wächst in uns. Wir können sie vermehren und spüren, wie süß es ist, zu lieben. Wir erfahren, wie es ist, in Liebe zu schwimmen und regelrecht zu zerfließen. Spüre, wie du von Liebe ganz eingenommen wirst und du dich in Inbrunst und Erstaunen über dich und dein Ego erhebst.

Wahre Liebe ist schnell, aufrichtig, spirituell, fröhlich und angenehm. Sie ist stark, geduldig, treu, bescheiden und langmütig. Sie ist behutsam, demütig und geradlinig. Sie ist nicht verweichlicht, nicht leichtfertig, nicht auf Eitelkeit bedacht. Sie ist maßvoll, beständig und sie ruht in sich. Sie sucht nie sich selbst. Denn sobald du nur dich selbst suchst, hat die Liebe ein Ende.

Wie wahre Liebe gewinnt

Der Schöpfer sagt: Mein Sohn, meine Tochter! Du bist noch nicht stark und weise in der Liebe.

Der Mensch sagt: Warum nicht?

Der Schöpfer sagt: Weil du schon bei der kleinsten Schwierigkeit zurückschreckst. Weil du dich viel zu leicht von deinem Vorhaben abbringen lässt. Weil du viel zu gierig nach schnellem Trost suchst. Wer stark in der Liebe ist, der bleibt auch bei Versuchungen standhaft und glaubt Betrügern und Lügnern kein Wort.

Wer weise ist in der Liebe, der schaut nicht, was der Liebende zu geben hat. Er konzentriert sich auf die Liebe des Gebenden. Er achtet mehr auf den guten Willen des Gebenden als auf den Wert des Geschenkes. Er achtet alle Geschenke geringer als die Liebe. Sie ist für ihn das Einzige, das wirklich zählt.

Lass dich also nicht von abstrusen Ideen und Einbildungen verwirren. Sie kommen aus dem Nichts und sie enden im Nichts. Bleibe einfach standhaft bei deinen Vorsätzen.

Es ist kein Problem, wenn du kurzzeitig zweifelst.
Das gehört dazu. Wenn du vom richtigen Pfad
abweichst, sind das Umwege, die dich schulen,
wie du Versuchungen widerstehst und als
gestärkter Mensch aus Krisen hervorgehst.

Kämpfe wie ein tapferer Krieger oder wie eine tapfere Kriegerin. Bleibe stark. Bleibe diszipliniert. Wenn du dich einmal erschöpft und hoffnungslos fühlst, dann fasse neuen Mut und kämpfe mit noch mehr Entschlossenheit für deinen inneren Frieden. Hab Vertrauen. Wer durchhält, wird mit einem starken Willen und einem inneren Gefühl des Einsseins mit dem Höheren belohnt.

Hüte dich stur vor Arroganz und Dummheit, denn beide lauern leider überall. Beobachte aus der Distanz, wie es arroganten, habgierigen und dummen Menschen auf die

Dauer ergeht. Ihr Schicksal wird dich behutsam und demütig machen.

Erwarte nichts und halte nichts fest

Es gibt eine einfache Geisteshaltung, die dich gut durch dein Leben tragen wird:

Erwarte nichts und halte nichts fest. Lass los. Konzentriere dich auf deine täglichen Aufgaben, auf deine Pflichten.

Wie kannst du am besten für die Menschen um dich herum sorgen? Was ist jetzt gerade, in diesem Augenblick, am wichtigsten? Gib unter keinen Umständen auf, auch nicht, wenn du deprimiert bist oder Angst spürst.

Du wirst auf deiner spirituellen Reise sehr viel weiterkommen, wenn du nicht nur das Gute in deinem Leben genießt, sondern wenn du deine Geduld und deine Hingabe trainierst. Immer deutlicher wirst du spüren, was wirklich wichtig ist.

Ungeduld ist menschlich. Faulheit ist menschlich. Wir haben vieles nicht unter Kontrolle und es ist alles andere als leicht, damit umzugehen. Aber diese Erkenntnis kann uns auch befreien. So vieles liegt nicht in unserer Macht. Nur unsere Reaktion können wir kontrollieren. Unsere geistige Haltung können wir ändern. Die äußeren Umstände nicht.

Zu dieser spirituellen Reise hin zu Demut und Geduld gehört es unbedingt, vorgefasste Meinungen loszulassen. Gerade Menschen, die sich selbst für besonders abgeklärt und weise halten, sind oft viel zu arrogant, auf andere zu hören. Bleibe bescheiden. Wer nur an sich selbst glaubt, wer nur sich selbst glaubt, kommt nicht weiter. Kleinmut und Kapital stehen dir im Weg. Bleib offen.

Wer in friedlichen Zeiten immer noch mehr Sicherheit sucht, der wird übertrieben furchtsam und deprimiert sein, wenn die Zeiten unruhiger oder gar kriegerisch werden. Mach dir immer bewusst, wie gut es dir gerade geht. Davon kannst du in schwierigen Zeiten zehren.

Es ist auch gut vorauszudenken, um sich vor Krisen zu wappnen. Frage dich in Zeiten des Lichts, wie es in der Dunkelheit sein wird. Frage dich in Zeiten des Friedens, wie es ist, im Krieg zu leben. Bleib dankbar und wiege dich nicht in falscher Sicherheit. Bedenke, wie viel schlimmer es sein könnte.

Wer bin ich?

Soll ich mich trauen, mit dem Schöpfer zu reden, obwohl ich nur ein Mensch bin? Sicher, wir sollten uns nicht zu hochschätzen und wir sollten nicht eingebildet sein.

Wenn unser Ego immer kleiner und unbedeutender wird, dann sehen wir immer klarer, wer wir wirklich sind. Wir sehen, wer wir einst waren, wo wir gerade stehen und was aus uns geworden ist. Wir sehen, wie unbedeutend wir Menschen sind.

In dieser Erkenntnis kann sehr viel Erleichterung und tief empfundene Freude stecken. Wie klein erscheinen uns plötzlich unsere Probleme und alltäglichen Dramen. Wenn unser Ego schrumpft, kann unser Geist sich erheben und sich als Teil des ewigwährenden Kosmos erkennen.

Kosmische Liebe ist immer für dich da. Unabhängig von deinen Verdiensten und unabhängig von deinen gegenwärtigen Problemen. Sie ist großzügig, bedingungslos und grenzenlos. Du spürst sie, wenn du dich selbst vergisst. Wer sich selbst abgöttisch liebt, richtet sich in Wahrheit zugrunde.

Das in allen Religionen gängigste Bild des Schöpfers ist dem der Eltern entlehnt. Sie lieben das Kind, zumindest meistens. Wir können sicher sein, dass der Schöpfer als treuer Verbündeter und guter Koalitionspartner uns auf die gleiche Weise liebt. In der Genesis steht: Und Gott schuf den Menschen zu seinem Bilde, zum Bilde Gottes schuf er ihn. Und er schuf sie als Mann und Frau. Die Evolution hat mehr als 200 Millionen Jahre dafür verwendet.

Das Ziel des Lebens

Wenn dein Geist vorankommen soll, hilft es dir ungemein, dein Ziel klar vor Augen zu haben. Wahrhaftes Glück gibt es nur im Geiste. Schau nach innen. Entscheide dich für ein spirituelles, tiefschürfendes Leben. Der Schöpfer weist dir verlässlich den Weg.

Bedenke: Wenn du nur dich selbst suchst, wirst du nur Leere und geistige Trockenheit vorfinden. Richte deine Aufmerksamkeit zur Quelle und zum Ziel. Wo begann das Leben? Was wird ewig währen?

Egal, ob du mächtig bist oder im Weltgeschehen
unbedeutend, egal, ob du arm bist oder reich,
du kannst aus den ewigen Lehren schöpfen
wie aus einer Quelle, die nie versiegt.

Entscheide dich bewusst für ein spirituelles Leben und sehe es niemals als Zwang, sondern immer als eine Gabe, die dir hilft, besser durch dein Leben zu gehen.

Der Schöpfer hat alles gegeben und wir finden Frieden, wenn wir ihm innerlich alles geben und uns ihm widmen. Diese Erkenntnis kann dir dabei helfen, Eitelkeit und das Streben nach Bestätigung aus deinem Herzen zu verbannen. Wenn die wahre Liebe dein Herz flutet, wird dein Neid ganz von allein verblassen. Denn sie überwindet alles und erweitert alle Kräfte der Seele. Du wirst dich leichter fühlen. Eigenliebe und Egoismus werden keinen Platz mehr haben in deinen Gedanken.

Die Wünsche des Herzens prüfen

Der Schöpfer: »Du musst noch vieles lernen, was du noch nicht recht begriffen hast.«

Der Mensch: »Was ist das?«

Der Schöpfer: »Dass du deine Wünsche prüfst und mäßigst. Dass du dich nicht selbst liebst, sondern tust, was ein guter Mensch tut. Du wirst oft von deinen Wünschen und Begierden angetrieben. Bedenke dabei immer, ob sie dich weiterbringen auf deinem geistigen Pfad oder ob es dir nur um deinen eigenen Nutzen geht.«

Der Schöpfer: »Nimm dich also in Acht, dass du nicht zu sehr auf fixe Vorstellungen und kurzfristige Wünsche beharrst, ohne mich zu Rate zu ziehen. Verhalte dich so, dass du es später nicht bereuen musst. Man darf nicht immer jeder Neigung, die gut zu sein scheint, gleich folgen. Man darf aber auch nicht jeder, die einem beim ersten Anblicke unangenehm vorkommt, widerstehen.«

Manchmal brauchst du sehr viel Kraft, deinen sinnlichen Begierden zu widerstehen. Bleibe standhaft. Achte nicht darauf, was die Sinnlichkeit will. Unterwirf dein Tun nur deinem Willen. Zähme deine Begierden. Prüfe deine Wünsche. Begnüge dich mit wenig. Entziehe dich dem Überflüssigen. Klage nicht über Unbequemlichkeiten. Und dein Geist wird reifen.

Sinnlichkeit ist etwas Gutes, aber wo daraus Begierden erwachsen, müssen wir widerstehen kön-

nen. Vor allem dann, wenn ihre Erfüllung auf Kosten anderer ginge. Bei jenen, die sich nicht im Widerstehen üben, tauchen die sieben Todsünden auf. Habgier, Hochmut, Wollust, Neid, Völlerei und Trägheit.

Geduld und Gewohnheiten

Der Mensch: »Ich sehe, wie wichtig Geduld ist, weil wir in diesem Leben viele Unannehmlichkeiten ertragen müssen. Ich suche inneren Frieden und muss doch Konflikte und Schmerzen aushalten.«

Der Schöpfer: »Ja, so ist es, mein Kind! Aber ich will nicht, dass du nach einem solchen Frieden strebst, wo du von Versuchungen ganz frei wärst und nichts Widriges zu leiden hättest.

Du kannst den inneren Frieden auch finden, wenn du von verschiedenen Problemen bedrängt und durch viele Unannehmlichkeiten geprüft wirst.

Vielleicht denkst du, dass du diese Härte des Lebens nicht aushalten kannst? Wie wirst du die schlimmen Stunden ertragen? Versuche, die Beschwerden dieses Lebens geduldig zu ertragen. Glaubst du vielleicht, die Kinder dieser Welt haben nicht oder nur wenig zu leiden? Selbst die schwächsten unter ihnen werden dich eines Besseren belehren.«

Der Mensch: »Mir kommt es so vor, als ob Menschen, die nur ihrem freien Willen folgen, die nur tun, worauf sie gerade Lust haben, ein leichteres Leben haben.«

Der Schöpfer: »Stellen wir uns einen Menschen vor, der tatsächlich alles hat, was er will. Wie lange, glaubst du wohl, wird es so sein? Die in dieser Welt an allem Überfluss haben, werden wie der Rauch verschwinden. Es wird ihnen nicht einmal die Erinnerung an ihre früheren Freuden bleiben. Nicht einmal in ihrem jetzigen Leben können sie ihre Freuden ohne Bitterkeit, ohne Ekel und Furcht in Ruhe genießen. Oft wird ihnen genau das zum Verhängnis, womit sie sich ablenken und unterhalten wollen. Wie schnell vergänglich und letztendlich schädlich sind alle diese weltlichen Freuden. Und doch erkennen es viele nicht, weil sie abgestumpft sind oder blind. Wer sich diesen kurzen, oberflächlichen Freuden verschreibt, handelt wie ein Tier. Er opfert seine Seele für einen kurzen Moment der Zerstreuung. Gib also, mein Kind, diesen hohlen Wünschen nicht nach. Lerne, dich deinem Willen zu widersetzen. Finde heraus, was Substanz hat und ewig währt. Du wirst spüren, wie sich alles fügt. Du wirst wahre Freude kennenlernen und einen tiefen, warmen Trost.«

Folge dem Weg

Wer es sich leicht macht, der bekommt nichts. Wer immer das Besondere sucht, verpasst das einfache Glück.

Sei diszipliniert und sei überzeugt vom Nutzen dieser Disziplin.

Das Äußere lässt sich besser meistern, wenn das Innere in Ordnung ist. Bring Ordnung in deinen Geist, bring Ordnung in deine Gedanken.

Es ist verführerisch, nur um sich selbst zu kreisen. Fühle dich niemandem überlegen. Überlegenheit und Arroganz schaden dir selbst am meisten, weil du nicht mehr klar siehst. Fühle dich besser allen Menschen unterlegen: Aus dieser Position wirst du vieles verstehen. Prüfe dein Selbstmitleid. Hast du wirklich Grund zu klagen? Prüfe Kritik an deiner Person. Ist sie vielleicht gerechtfertigt? Wer demütig ist, lernt ständig dazu. Demut schult dein Herz und deinen Geist.

Das Wesentliche ist unsichtbar

Unser Ego kann wie eine Last auf unserem Herzen sein. Stolz ist verführerisch. Immer wieder müssen wir uns daran erinnern, wie unbedeutend wir im Angesicht der Ewigkeit und der beständigen Wahrheit sind. Aber es ist schwierig.

Die Selbstsucht aufzugeben, dieses Vorhaben kann vor uns liegen wie ein unschiffbares Meer. Wo finden wir Vertrauen? Wo finden wir Mut?

Wer sich allein der Wahrheit und der Hoffnung verschrieben hat, wird das Vertrauen und den Mut finden, allem Vergänglichen zu entsagen. Lass los. Nichts bleibt, außer der Wahrheit.

Wir sind nur ein ganz kurzer Part in der ebenfalls vergleichsweise kurzen Episode, die unser Planet in der Geschichte des Universums innehat. Wir sind nicht einmal Teil einer Sekunde, messen wir unsere Lebenszeit an den 13,8 Milliarden Jahren, die das Universum bereits existiert. Angesichts dieses Verhältnisses unsere Beziehung zum Universum einfach zu kappen, wie es derzeit geschieht – ist das wirklich sinnvoll?

Das Richtige tun und das Richtige sagen

Der Schöpfer: »Mein Kind! In allen Situationen solltest du dir sagen: Wenn es dem Schöpfer gefällt, ist es richtig. Wenn es dem Schöpfer nicht gefällt, sollte ich es besser nicht tun.«

Viele Wünsche und Vorhaben erscheinen den Menschen auf den ersten Blick gut und richtig. Aber was sind die Folgen? Wem schaden wir mit unseren Plänen?

Horche in dich hinein und du wirst spüren, ob dein Vorhaben gut oder selbstsüchtig ist.

Ein Gebet:

Wende dich mir zu, stehe mir bei, arbeite mit mir und bleibe bis ans Ende bei mir. Mach, dass ich immer das will und wünsche, was dir angenehm ist. Dein Wille soll meiner sein, und mein Wille soll deinem folgen und mit ihm übereinstimmen, in allem, was du willst und nicht willst. Ich wünsche mir, nur zu wollen, was auch du willst. Denn du bist der Friede des Herzens, die einzige Ruhe. In diesem Frieden will ich sicher schlafen und ruhen.

Dieses Gebet setzt nicht voraus, sich mit der christlichen Symbolik zu identifizieren. Christen können sich mit Jesus, dem Gegeißelten, dem Gekreuzigten und Auferstandenen, der viel ertragen musste, identifizieren. Alle anderen können sich mit einem allgemeingültigen Schöpfer, einem Baumeister des Universums und der Welt als eine uns übersteigende Intelligenz identifizieren und dieses Gebet an ihn richten. Warum kontaktieren wir überhaupt das uns Übersteigende mit Gebeten? Augustinus sah in dieser Möglichkeit ein Geschenk, das er Gratia nannte. Gratia ist das lateinische Wort für Gnade, aber auch für Freundschaft, Liebe und Einvernehmen. Gnade im spirituellen Sinn wirkt im modernen Sprachgebrauch altbacken, also konzentrieren wir uns darauf: Diese Kontaktaufnahme beschert uns eine Freundschaft, die uns nichts und niemand je nehmen kann.

Trost

Erwarte nicht, sofort getröstet zu sein. Hab Geduld. Hoffe und vertraue auf Trost in der Zukunft. Auch wenn du jetzt einen befriedigenden Trost spüren kannst, dauert er nicht lang. Deswegen können wir ihn auch meist nicht genießen. Übe dich in Geduld. Und genau diese Übung in Geduld wird dich stärken und dir in deinen dunklen Stunden wahren Trost spenden.

Hättest du alle Dinge der Welt, wärst du dann glücklich? Wie würdest du dich fühlen? Vollkommenes Glück und vollkommene Zufriedenheit findest du nur in Spiritualität.

Überall wird falsches Glück angepriesen. Wir sollten nicht darauf reinfallen. Glück, das du tief im Inneren empfindest, ist wahrhaft. Eine andächtige Seele trägt den Schöpfer überall mit sich und sagt zu ihm: »Stehe mir überall und immer bei. Das tröstet mich über alles andere hinweg.«

Lass deine Sorgen los und vertraue

Der Schöpfer: »Vertrau mir! Ich weiß, was dir nützlich ist. Du denkst wie ein Mensch und urteilst in vielen Dingen nach deiner menschlichen Natur, die dich täuschen und in die Irre führen kann.«

Der Mensch: »Das ist wahr. Du sorgst besser für mich, als ich für mich selbst sorgen könnte. Wenn mein Wille sich mit deinem verbindet, dann mache mit mir, was immer dir gefällt. Was immer du dann mit mir tust, kann nicht anders als gut sein. Lässt du mich für eine Weile in Finsternis leben, dann ist das in Ordnung. Wenn du mich hebst und erleuchtest, ebenfalls. Ich bin dankbar, wenn du mich tröstest und wenn du mich mit Trübsal prüfst.«

Die Zeiten, in denen dieses Buch entsteht, sind nicht gerade einfach. Doch wenn es heute finster ist, kann es morgen auch wieder hell sein. Finsternis ist nur der Eindruck unserer Sinne im Diesseits. Jenseits dieser Welt ist es immer hell, wie es Raffael in seiner Transfiguration zeigt. Thomas von Kempen bietet wahrscheinlich das beste Rezept an, um jetzt die Fassung zu bewahren und optimistisch nach vorne zu blicken.

Wie du Ungerechtigkeit erträgst

Der Schöpfer: »Höre auf zu klagen und betrachte das Leiden anderer. Wie du leidest, ist gering im Vergleich zu dem Leiden vieler anderer. Führe dir immer vor Augen, um wieviel schwieriger das Schicksal anderer Menschen ist, damit du deines umso leichter erträgst. Und wenn du denkst, es trifft dich gerade besonders hart, dann frage dich, ob du vielleicht ungeduldig bist. Versuche immer, alles mit Geduld zu ertragen. Nichts dauert ewig.«

Je besser du mit deinem Leiden umgehen kannst, desto weiser handelst du. Und desto größer wird dein Verdienst.

Du wirst auch alles viel leichter ertragen, wenn du dein Gemüt sorgfältig vorbereitet und geübt hast, Leiden zu ertragen. Sage besser nicht: »Diese Eigenschaft kann ich bei diesem Menschen nicht leiden.« Sage auch nicht: »Dieses Verhalten kann ich bei diesem Menschen nicht ertragen, denn er hat mir einen großen Schaden zugefügt.« Wer so denkt, denkt unklug. Er vergisst, wie wichtig die Geduld als Tugend ist. Er sieht nicht, wie gekonnt ihn die Übung in Geduld schult. Er sieht nur seine Beleidiger und das Unrecht, welches ihm zugefügt worden ist. Er kommt nicht weiter, sondern tritt auf der Stelle und bemitleidet nur sich selbst.

Du solltest zum Streit gerüstet sein, wenn du siegen willst. Ohne Kampf und Mühsal kannst du die Krone der Geduld nicht erlangen. Wenn du nicht leiden willst, dann willst du auch nicht gekrönt werden. Wenn du die Krone der Geduld bekommen willst, dann kämpfe tapfer und halte auch Streit geduldig aus. Ohne Streit erringt man nicht den Sieg. Ohne Mühe gelangt man nicht zur Ruhe.

Kenne deine eigenen Schwächen

Der Mensch: »Ich weiß, ich bin manchmal boshaft. Ich will dir, meinem Schöpfer, meine Schwächen und Unzulänglichkeiten verraten. Ich will mich ihrer bekennen. Oft nimmt mir etwas Geringes den Mut und versenkt mich in Traurigkeit. Ich nehme mir zwar vor, mutig und geduldig zu sein, aber schon die geringste Versuchung versetzt mich in große Angst und Unsicherheit. Manchmal entsteht aus einem unbedeutenden Moment eine heftige Versuchung. Ich will sofort bemerken, wenn mich schon ein leichter Hauch aus dem Gleichgewicht bringt. Betrachte also meine Fehler und Schwächen.

Du kennst und erkennst sie. Bitte ziehe mich aus diesem Schlamm, damit ich nicht stecken bleibe und in totale Trostlosigkeit verfalle. Ich werde oft traurig und rot vor Scham, weil ich zu schwach bin, meinen bösen Neigungen Widerstand zu leisten. Ich erkenne meine Schwachheit, weil sich die hässlichsten Vorstellungen viel leichter in mein Herz einschleichen, als sie aus ihm verschwinden.«

Wie können wir ein Leben lieben, das so viel Bitteres hat und das so vielen Unglücksfällen und Armseligkeiten unterworfen ist?

Wie können wir dieses Leben auch nur
ein Leben nennen, wenn es so vielfältig Tod
und Krankheit mit sich bringt?

*Und doch lieben wir es und viele wollen hier
auf Erden ihre Freuden und
Ergötzungen finden.*

Wir tadeln oft die Welt wegen ihrer Betrügereien und wegen ihrer Eitelkeit, und doch wollen wir uns nicht entschließen, dieselbe zu verlassen, weil uns die Begierden des Fleisches allzu stark beherrschen. Einerseits sind wir dazu verlockt, die Welt und ihre Genüsse zu lieben, andererseits können wir sie als verächtlich erkennen. Fleischeslust und Eitelkeit des Lebens ziehen uns zur Liebe dieser Welt hin, aber wegen den Leiden, die oft darauf folgen, erscheint sie uns irgendwann nur noch verhasst und ekelhaft.

Wenn du lernst, dich von folgenschweren, unklugen Lüsten zu trennen, und den spirituellen Weg einschlägst, ändert sich das. Plötzlich siehst du ganz klar, wie sehr dich die Welt betrogen hat und was Frieden im Geist wirklich bedeutet.

Ruhe finden

Der Mensch: »Lass mich mehr in dir als in allen anderen Geschöpfen Ruhe finden. Du sollst mir wichtiger sein als vollkommene Gesundheit und Schönheit. Wichtiger als alle Ehre, Macht und Würde, als alle Wissenschaft und Klugheit. Wichtiger als alle Reichtümer und Künste, als alle Freude und Frohlockung, als aller Ruhm und alles Lob. Wichtiger als alle Annehmlichkeit und aller Trost, als alle Hoffnung und alle Versprechungen und Erwartungen, als alle Verdienste und Begierden.

Wichtiger als alle Gaben und Geschenke, die du uns Menschen geben kannst, als alle Freude und das innigste Vergnügen, das das menschliche Herz empfinden kann. Wichtiger als alle sichtbaren und unsichtbaren Dinge und als alles, was nicht du bist. Denn du allein vermagst alle Begierden zu stillen und bei dir allein finde ich vollkommenen Trost. Du allein warst und bist alles Gute und wirst es immer sein. Mein Herz kann nicht wahrhaft ruhen, nicht ganz befriedigt werden, wenn es nicht in dir ruht, wenn es sich nicht über alle deine Gaben und über alle Geschöpfe zu dir schwingt.«

Wandrers Nachtlied **ist der Titel zweier Gedichte Goethes, die zu seinen berühmtesten gehören:** ***Der du von dem Himmel bist*****, geschrieben 1776, und** ***Über allen Gipfeln*** **von 1780. Wenn wir sie in den Kontext von Thomas von Kempens magischen Meditationsschriften stellen, drängen sich uns auf einmal ganz andere Bilder auf als damals, als wir sie in der Schule auswendig lernen mussten.**

Der du von dem Himmel bist,
Alle Freud und Schmerzen stillest,
Den, der doppelt elend ist,
Doppelt mit Erquickung füllest;

Ach, ich bin des Treibens müde!
Was soll all die Qual und Lust?
Süßer Friede,
Komm, ach komm in meine Brust!

Auch das zweite Gedicht, das noch berühmtere, ist auf einmal kein Abendlied mehr, kein Naturgedicht und keine Mahnung an den Tod, wie es oft gesehen wird, sondern liest sich ebenfalls als Gedicht der Hoffnung, als eins über die »Erleuchtung« und den Weg dorthin, über das Ankommen »in den Armen des Schöpfers«, wie es Thomas von Kempen vielleicht ausgedrückt hätte, hätte er Goethe erlebt und gelesen.

Über allen Gipfeln
Ist Ruh',
In allen Wipfeln
Spürest Du
Kaum einen Hauch;
Die Vögelein schweigen im Walde.
Warte nur! Balde
Ruhest du auch.

Es ist gut, wenn du nichts Besonderes bist oder hast

Alle seelischen, geistigen und materiellen Werte, alle inneren und äußeren Werte, alle natürlichen und übernatürlichen Schätze stehen für die Liebe des Schöpfers.

Auch wenn ein Mensch mehr und der andere weniger bekommen hat, gehört am Ende des Tages alles nur ihm. Ohne ihn kann ein Mensch nicht das Geringste erreichen und nicht das Geringste ausrichten. Wer mehr hat, darf sich nicht rühmen. Wer mehr hat, darf sich nicht über andere erheben oder sie gar für ihre materielle Armut verachten. Nur ein Mensch, der bescheiden ist, demütig und andächtig, wächst in seiner geistigen Größe und seinem Ansehen.

Wer Zeit seines Lebens sich selbst gegenüber kritisch bleibt und auch an sich zweifelt, wird ein besserer, ein größerer Mensch werden. Er kann über sich hinauswachsen.

Wer weniger bekommen hat, muss deswegen nicht traurig sein. Er braucht die Reichen nicht beneiden. Die Hoffnung soll er nicht aufgeben und schon gar nicht die Dankbarkeit für alles, was er hat.

Halte es sogar für eine besondere Wohltat, wenn du keine großen Vorzüge hast, mit denen du dir äußerlich und bei den Menschen Ruhm und Lob erwerben kannst. Wenn du darüber nachdenkst, was dir im Leben fehlt, solltest du nicht traurig und schwermütig werden. Die Armen und Demütigen sind dem Schöpfer am nächsten. In der Bibel bezeugen das die Apostel. Ohne sich zu beklagen wandelten sie Zeit ihres Lebens in Demut und geistiger Reinheit zufrieden auf dieser Erde, frei von Bosheit und Betrug. Sie freuten sich daran, ihren Schöpfer zu ehren und selbst all das, was die Welt verabscheut, nahmen sie mit innigem Vergnügen an.

Vier Quellen des Friedens

Der Schöpfer: »Ich will dich jetzt den Weg des Friedens und der wahren Freiheit lehren.«

Der Mensch: »Ich freue mich über deine Botschaft und vertraue dir.«

Der Schöpfer: »Dein Wille ist oft unkontrolliert. Versuche deshalb eher dem Willen eines anderen zu folgen als dem deinigen. Versuche immer, lieber weniger als mehr zu besitzen. Wenn du ein solcher Mensch wirst, wirst du Frieden und Ruhe erleben.«

Folge dieser Lehre so gut du kannst und verstehe: Wann immer du unruhig oder niedergeschlagen bist, bist du auf deinem geistigen Weg von ihr abgewichen.

Gebet gegen das Grübeln

Mensch: »Hilf mir. Oft steigen in mir unangenehme Gedanken auf. Oft überfällt mich tiefe Angst. Wie kann ich diese Gedanken ohne Schaden überstehen? Wie kann ich lernen, sie zu vermeiden?«

Der Schöpfer: »Ich werde vor dir hergehen und dir den Weg zeigen. Ich werde die stolzesten, arrogantesten Menschen lehren, wie sie Demut empfinden. Ich öffne die Türe des Kerkers und decke für dich die verborgensten Geheimnisse auf.«

Mensch: »Ich vertraue dir und deiner Lehre. Alle meine schlechten Gedanken, Ängste und Grübeleien sollen verschwinden. Was du gesagt hast, soll meine Hoffnung und mein einziger Trost sein. Ich werde auch in größter Trauer zu dir fliehen. Ich werde mit Geduld auf deinen Trost warten.«

Gebet um Erleuchtung des Verstandes

Erleuchte mich mit der Klarheit des inneren Lichtes und vertreibe jede Finsternis aus meinem Herzen. Behüte mich vor ausschweifenden Gedanken und lösche schädliche Versuchungen. Kämpfe für mich und bezwinge die Begehrlichkeiten, die mich zwar reizen, aber in der Tat grausamer als die wilden Tiere sind. Hilf mir, meinen Frieden herzustellen. Vertreibe die Stürme und die Ungewitter der Seele. Sag zu den Meeren: »Seid ruhig« und zum Nordwind: »Wehe nicht«. Sorge dafür, dass in mir große Stille ist. Sende dein Licht und deine Wahrheit herab, damit sie hier auf der Erde leuchten. Denn solange du mich nicht erleuchtest, bin ich wie unfruchtbare Erde. Erhebe mein schweres Gemüt und lehre mich, wie angenehm das spirituelle Glück ist.

Der Begriff »Erleuchtung« taucht im Sinne der Erleuchtung des Verstandes schon in der Antike auf. Wer sich mit der Welt beschäftigt, bleibt anthropologisch, also ein Menschenwissenschaftler, so ließe sich das zusammenfassen. Wer diese Erleuchtung sucht, einen Zustand also, der über die Welt und die Erde hinausreicht, wird demnach megalopsychisch. Megalopsychia ist eine Tugend des antiken Tugendkanons und bedeutet so viel wie Großgesinntheit, Großherzigkeit und Seelengröße.

Hüte dich vor Unruhe

Sei nicht zu neugierig und quäle dich nicht mit oberflächlichen Sorgen. Was geht dieses oder jenes dich an? Was ändert es, ob jener Mensch so oder anders ist oder ob dieser so oder anders handelt oder redet? Du hast es nicht nötig, dich auf diese Weise um andere zu kümmern, du musst nur für dich selbst geradestehen. Warum verwickelst du dich also mit anderen?

Der Schöpfer sagt: »Ich kenne alle Menschen und sehe alles, was unter der Sonne geschieht. Ich weiß, wie es mit jedem Menschen steht, was er denkt, was er will und nach welchem Ziele seine Absicht gerichtet ist. Mir kannst du alles überlassen. Erhalte währenddessen du dich und deinen Geist in ruhigem Frieden und lasse einen jeden, der sich selbst in Unruhen verwickelt, nach seinem Sinne walten und tun, was er will. Mich kann er nicht betrügen.«

Mach dir keine Gedanken um die Schatten, die große Namen werfen. Sehne dich nicht nach der vertraulichen Gemeinschaft mit vielen Menschen. Strebe nicht danach, von einzelnen Menschen besonders geliebt zu werden. All das lenkt dich nur von deinem spirituellen Weg ab. Du kannst dich verlieren. Sei vorsichtig und wachsam.

Wenn es eine alles durchdringende Intelligenz gibt, und so scheint es zu sein, selbst aus quantenphysikalischer Sicht, eine Intelligenz, die den Hintergrund unseres Lebens hier auf diesem Planeten bildet, dann hat sie alles im Blick. Mensch, könnten wir also mit leisem Imperativ formulieren, vertraue darauf, dass sie es gut mit dir meint, denn wie anders könnte sie es meinen. Überlasse dich ihr, um den Sinn deines Lebens zu erfüllen. Wie wir uns ihr überlassen, lässt sich aus Thomas von Kempens Schriften entnehmen, wenn wir sie nicht als christliche Mahnschrift, sondern als für alle Menschen auf dieser Welt taugliche konkrete Handlungsanleitung lesen.

Frieden und spirituelle Reife

Der Schöpfer: »Ich gebe euch Frieden, aber ich gebe ihn nicht, wie ihn die Welt gibt. Alle wollen Frieden, aber nicht alle setzen sich für den wahren Frieden ein. Meinen Frieden finden die Sanftmütigen und die von ganzem Herzen Demütigen. Du kannst den Frieden nicht anders als durch sehr viel Geduld erreichen. Wenn du mich hörst und meiner Stimme folgst, wirst du in einem sanften Frieden leben können.«

Der Mensch: »Was soll ich also tun, um den Frieden zu finden?«

Der Schöpfer: »Sei in allen Dingen aufmerksam und bei dir. Sei dir bewusst, was du sagst und was du tust. Richte deine ganze Absicht auf ein Ziel. Mein Leben und meine Worte können dir als Vorbild dienen. Urteile nicht überheblich über die Reden und Handlungen anderer Menschen. Kümmere dich nicht um Dinge, die dich nichts angehen. So wirst du ungestört leben und nur selten in deiner Ruhe gestört werden. Dass du aber nie Unruhe empfindest oder nie auch nur ein Zipperlein am Körper oder an der Seele zu erleiden hast, wäre unrealistisch. Absolute Schmerzfreiheit gibt es erst in der ewigen Ruhe, dem Tod. Glaube also nicht, du hättest den wahren Frieden schon gefunden, sobald du keine Schmerzen empfindest, und bilde dir auch nicht ein, es sei alles gut, wenn du nur keine Widerstände spürst.

Vollkommenheit heißt sicher nicht,
dass alles nach deinem Wunsch passiert.

Spürst du den Frieden, den ich meine, darfst du dich deswegen längst nicht für großartig halten. Spirituelles Weiterkommen und spirituelle Reife bestehen nicht aus Perfektion oder Perfektionismus. Keineswegs.«

Der Mensch: »Worin bestehen sie dann?«

Der Schöpfer: »Sie bestehen darin, sich dem höheren Willen aus ganzem Herzen hinzugeben. Nicht mehr daran zu denken, was einem gehört, weder im Großen noch im Kleinen, weder heute noch in der Ewigkeit. Dankbar zu bleiben, egal, ob es gerade sehr gut läuft oder schlecht. Erreichst du diese geistige Kraft, diese Langmut, diese Hoffnung, bist du bestens darauf vorbereitet, auch größere Beschwerden zu ertragen. Wenn du gelernt hast, dich selbst nicht mehr wichtig zu nehmen, wirst du den echten Frieden in seiner ganzen Fülle genießen können, soweit es den Menschen in dieser Lebenswanderung möglich ist.«

In Zeiten elektronischer Selbstdarstellung, diesem selbstgefälligen Exhibitionismus in den sozialen Medien, täte der Mensch gut daran, einen großen Bogen um sich selbst zu machen. Prinz Philip, der Prinzgemahl der britischen Königin Elisabeth II., lernte das während seiner Ausbildung in der Schule Schloss Salem in Baden-Württemberg. Der Gründer der Schule und Prinz Philips Lehrer Kurt Hahn sagte ihm: »Wenn du später groß bist, versuche immer um dich selbst einen großen Bogen zu machen. Auch wenn du dich dabei ein wenig ironisierst.« Prinz Philip wurde später bekannt für seine witzige und ironische Haltung der Welt und sich selbst gegen-

über und dafür, kein Problem damit zu haben, im Schatten seiner Frau zu leben. Er spannte um sich einen Lichtkreis aus leisem Humor. Er lebte, was Thomas von Kempen beschreibt, als stilles, liebenswertes Vorbild.

Überfluss und Maß

Der Mensch: »Bitte bewahre mich vor den Sorgen dieses Lebens, damit ich mich nicht allzu sehr darin verstricke. Schütze mich vor den vielen Bedürfnissen des Leibes, damit mich nicht Faulheit und Oberflächlichkeit verführen. Räume alle Hindernisse eines spirituellen Lebens aus dem Weg, damit ich nicht schwach werde und meinen Mut nicht sinken lasse. Die Welt und ihr vergänglicher Glanz sollen mich nicht betrügen. Gib mir diese drei Dinge:

Die Kraft, Versuchungen zu widerstehen.

Die Geduld, alle meine Beschwerden zu ertragen.

Die Disziplin, treu und gefestigt auf meinem Weg zu bleiben.

Gib mir statt weltlichem Seelenbalsam lieber den Balsam deines Geistes. Gib mir die ewige himmlische Liebe anstelle der kurzen sinnlichen Liebelei. Gib mir die Gnade,

Essen und Trinken, Kleidung und was sonst zur Erhaltung des Leibes dient, nicht zu sehr zu brauchen, denn all das kann zur Last werden, wenn ich mit zu großer Begierde danach strebe. Natürlich kann ich nicht auf alles verzichten, weil ich durch meine menschliche Natur auf Nahrung, Schlaf und Schutz angewiesen bin.

Hilf mir, Überflüssiges zu erkennen und darauf zu verzichten. Lehre mich vor allen Dingen, Maß zu halten.

Lehre mich, maßvoll zu essen. Maßvoll zu schlafen. Maßvoll zu konsumieren.«

Die Kunst des richtigen Maßes ist eine der höchsten, aber auch schwierigsten auf dem Weg zu dem, was Thomas von Kempen Erleuchtung nennt. Doch dieses Ausbalancieren, dieses Zentrieren schützt uns vor falscher Sucht, bewahrt uns vor unnötigen Sorgen und bringt uns auf der Himmelsleiter, je besser wir es beherrschen, Sprosse um Sprosse nach oben. Das richtige Maß im Auge zu behalten bedeutet nicht, sich von außen sagen zu lassen, was recht ist und was nicht. Es bedeutet, die Mitte für sich selbst zu finden und sich immer gegen das Zuviel und das Zuwenig, immer gegen das Extreme zu entscheiden.

Warum Eigenliebe schaden kann

Der Schöpfer: »Willst du das Große, willst du im großen Ganzen aufgehen, dann musst du dich ganz aufgeben und darfst in keinem Stück mehr dir selbst gehören.

Sei versichert, deine Eigenliebe schadet
dir mehr als alles andere in der Welt.

Ist deine Liebe zum Höheren rein, aufrichtig und wohl geordnet, wirst du dich von irdischen Dingen nicht zu sehr vereinnahmen lassen. Strebe nicht nach Sachen, die du nicht besitzen kannst. Besitze auch nichts, was dich behindert oder dir die innere Freiheit des Geistes rauben könnte. Es ist verwunderlich, warum du dich nicht schon längst von ganzem Herzen mir übergibst samt allem, was du verlangen oder haben kannst.

Warum lässt du dich von einer leeren Traurigkeit verzehren? Warum ermüdest du dich selbst mit all den überflüssigen Sorgen? Richte dich nach meinem Wohlgefallen, und du wirst nicht mehr leiden. Wenn du nach dieser oder jener Sache strebst und an diesem oder jenem Orte sein willst, damit du es bequemer und ganz nach deinem Belieben hast, wirst du nie in Ruhe und nie frei von ängstlicher Sorge sein. Denn keine Sache ist ohne Mangel und an jedem Orte wird dich irgendetwas stören.

Niemals helfen dir äußerliche Dinge, die du erlangt oder vermehrt hast. Keine Sache und kein Geld der Welt. Sie helfen dir erst, wenn du sie verachtest und ganz aus deinem Herzen verbannst.

Nicht nur von Geld und Reichtümern ist hier die Rede, sondern auch vom Streben nach Ehre und von der Begierde nach eitlem Lob. All dies vergeht mit der Welt. Wenig Schutz gewährt ein Ort, wenn dem Geist die Leidenschaft für das Höhere fehlt. Der Friede, den du außen suchst, wird kurzen Bestand haben. Du kannst wohl deinen Aufenthalt ändern, aber deswegen fühlst du dich doch nicht besser. Denn sobald sich ein Problem ereignet, sobald du es vielleicht sogar selbst herbeiführst, stößt du wieder auf alles, wovor du geflohen bist, und oft noch auf mehr davon.

Gebet um ein reines Herz und Weisheit

Gib mir Kraft, dass ich mein Herz von allen unnützen Sorgen und von Ängstlichkeit befreie. Hilf mir, dass ich mich nicht von diversen Begierden nach irgendeinem geringen oder kostbaren Ding hinreißen lasse, sondern alles als vergänglich ansehe und mir bewusst mache, wie auch ich gleichzeitig mit diesen Dingen vergehe. Denn unter der Sonne ist nichts von Bestand. Wie weise ist ein Mensch, der dies wirklich verstanden hat.

Rat gegen Tratsch

Der Schöpfer: »Nimm es nicht zu schwer, wenn andere schlecht über dich reden oder auch nur denken. Nimm sie sogar als Vorbild! Beurteile dich selbst kritisch und prüfe auch, ob etwas an der Kritik an dir stimmen könnte. Halte niemand für schwächer als dich selbst. Wenn du ein spirituelles, nach innen blickendes Leben führst, werden dir die vorüberfliegenden Worte nicht wehtun. Es zeugt von Klugheit, in schwierigen Zeiten zu schweigen. Ziehe dich in deine Seele zurück. Hülle dich in Stille.

Dein innerer Frieden sollte nicht von dem Gerede der Menschen abhängen. Sie mögen dein Verhalten als gut oder schlecht bewerten, so bist du doch deswegen kein anderer Mensch. Die wahre Ehre und den wahren Frieden findest du in dir.

Wer den Menschen nicht zu gefallen versucht und sich auch nicht davor fürchtet, ihnen zu missfallen, der wird in ruhigem Frieden leben. Aus Eitelkeit und Furcht entspringt alle Unruhe des Herzens und alle Zerstreuung der Sinne.«

Rettung in Zeiten größter Trauer

Der Mensch: »Es war höherer Wille, dass diese Prüfung und diese Trauer über mich kamen. Ich kann ihnen nicht entkommen. Bitte hilf mir und heile mich. Ich bin so traurig und die bösen Gedanken, die jetzt in mir aufsteigen, ängstigen mich. So vieles ängstigt mich. Errette mich aus dieser Notlage! Ich weiß, sie ist nur deswegen über mich gekommen, damit ich demütig werde und du mich befreist. Gib mir auch diesmal Geduld.

Ich kann nur sagen: Dein Wille geschehe. Vielleicht habe ich es verdient, dass Trauer und große Probleme über mich kommen. Vielleicht geschieht es mir recht zu leiden. Ich werde versuchen, das Leid mit Geduld zu ertragen, bis diese Phase vorübergeht und es besser wird. Du kannst diese Prüfung beenden, damit ich nicht gänzlich unterliege. Das hast du schon öfter getan. Je schwieriger das Leben für mich ist, desto leichter kannst du mir helfen.«

Vieles kann in schweren Zeiten hilfreich sein. Freunde, Familie, Kinder, Kunst, Natur, Sport. Aber es gibt nur eine Möglichkeit, die uns zu jedem Zeitpunkt unbegrenzt offensteht: Uns mit dem großen Ganzen zu verbinden, es uns bewusst zu machen, die schweren Zeiten als Prüfungen zu betrachten, zu wissen, dass sie kommen und gehen und dass es einen Prüfer gibt, der wie ein guter Lehrer das Beste für uns will.

Erholung vom Sturm

Der Schöpfer: »Komm zu mir, wenn es dir nicht gut geht, aber pass auf! Du wendest dich oft zu langsam zum Gebet, denn ehe du mich um Hilfe bittest, suchst du in vielen anderen Dingen Trost und versuchst, dich abzulenken. Genau dieses Zögern steht deinem Trost im Wege. Aber erhole dich nun erst einmal von dem Sturm in deiner Seele und spüre eine neue Kraft. Sie entsteht aus meinem Mitgefühl, das du in deiner dunkelsten Stunde gefunden hast. Ich bin dir immer nahe, damit ich nicht nur alles Fehlerhafte ergänze, sondern auch alles vollkommen wiederherstelle.

Denkst du, dein Leid ist mir zu schwer? Denkst du, ich verspreche Dinge, die ich nicht halten kann? Wenn du so denkst, wo ist dein Glaube? Wo ist dein Vertrauen? Bleibe standhaft, bleibe beharrlich. Sei geduldig und versuche, tapfer zu sein. Langmut ist eine wichtige Tugend. Zur rechten Zeit wirst du Trost finden. Warte auf mich und vertraue auf mich. Verlass dich auf mich. Ich werde kommen und dich heilen. Versuchungen plagen dich jetzt. Angst versetzt dich in Unruhe. Was bringen dir Sorgen um die Zukunft, wenn sie dich nur trauriger machen? Nimm jeden Tag, wie er kommt. Jeder Tag hat seine eigenen Sorgen. Es ist unnütz, sich zu sorgen oder zu freuen wegen Dingen, die in der Zukunft liegen.

Kleingeister lassen sich leicht von Einflüsterungen des Feindes verwirren. Deinem Feind ist es egal, ob er dich mit wahren oder falschen Eingebungen täuscht und betrügt. Er schert sich nicht, ob er dich durch vergängliche Liebe oder Zukunftsangst ablenkt. Lass keine Verwirrung und keine Furcht in dein Herz eindringen. Glaube nur an mich. Lass deine Entscheidung niemals von spontanen Gefühlen leiten. Lass dich niemals, egal was passiert, von deiner großen Hoffnung abbringen.

Glaube nicht, du seist ganz verlassen, wenn du eine Zeit lang trauern musst und wenig Trost verspürst.

Krisen sind Prüfungen. Es ist für einen Menschen besser, Hindernisse zu erleben, als immer alles zu bekommen, was er will. Ein zu einfaches Leben lässt dich nicht wachsen. Ein schwieriges Schicksal schult dich dagegen ungemein.

Wenn du Probleme hast und wenn dir Dinge im Weg stehen, denke immer daran, wie kurzfristig sie sein könnten. Ich kann dich bereits im nächsten Moment wieder aufrichten und all dein Leid in Freude verwandeln.

Wenn du weise bist und die Dinge nach ihrem wahren Wert beurteilst, brauchst du nie mehr traurig sein. Dann kannst du dich vielmehr freuen und dafür danken, ja es sogar für ein Geschenk halten, wenn ich dich nicht schone und manchmal mit Schmerzen überhäufe. So wie mich mein Vater geliebt hat, so liebe ich auch euch, sagte Jesus einst zu seinen Jüngern. Und diese Männer schickte er gewiss nicht zu weltlichen Freuden, sondern zu harten Kämpfen. Nicht zu hohen Ehren, sondern zu Abstinenz. Nicht zum Müßiggang, sondern zur Arbeit. Nicht zu sanfter Ruhe, sondern zur Übung in Geduld. Gedenke dieser Worte!«

Constantia, die Unerschütterlichkeit. Diese Tugend zeichnet uns Menschen aus. Das ist eine Erkenntnis der Renaissance, Thomas von Kempens Epoche. Sich nicht aus der Ruhe bringen zu lassen, nicht vom Glauben abzuweichen. Krisen sind Prüfungen, göttliche Tests. Der Weltenbaumeister steht immer im Hintergrund und steuert und regelt alles, schützt und rettet. Auf ihn ist Verlass.

Über die Gnade

Der Mensch: »Ich schaffe es noch nicht. Ich habe eine noch größere Gnade nötig, wenn ich dahin gelangen soll, wo mich kein Mensch und kein anderes Wesen vom richtigen Weg abbringen kann. Ich muss mein Ego vollkommen verlassen, darum finde ich auch so wenige, die ein beschauliches Leben führen. So wenige können sich von vergänglichen Dingen und von den weltlichen Wesen ganz befreien.«

Wir brauchen die Gnade des Schöpfers. Sie kann unsere Seele erheben und uns über uns selbst hinauswachsen lassen. Wenn der Mensch nicht im Geiste erhoben, von allen Geschöpfen frei und ganz mit dem Höheren vereinigt ist, bleibt alles, was er weiß und hat, ohne großen Wert. Wer etwas anderes hoch achtet als das einzige, unermessliche und ewige Gut, wird lange geistig klein bleiben.

Es gibt einen großen Unterschied zwischen der Weisheit eines spirituellen, erleuchteten Menschen und der Wissenschaft eines gelehrten und studierten Geistlichen. Gelehrsamkeit, die aus der Spiritualität kommt, ist viel wertvoller als jene, die sich der menschliche Verstand mühsam erwirbt.

Viele Menschen träumen von einem beschaulichen Leben im Einklang mit sich selbst. Aber sie sorgen sich um den Verzicht und die Mühe, die ein solches Leben zwangsläufig erfordert. Viele lassen sich von äußerlichen und vergänglichen Dingen ablenken. Wenn du die Hindernisse kennst, kannst du ihnen besser trotzen.

Wenn wir andere Menschen bewundern oder beurteilen, richten wir unsere Aufmerksamkeit oft auf falsche Dinge. Wir fragen uns, wieviel dieser oder jener getan hat. Wir achten aber nicht so sorgfältig darauf, wie gut er es getan hat. Wir erkundigen uns, ob jemand tapfer, reich, schön und geschickt ist. Oder ob er oder sie schön schreiben, gut singen, fleißig arbeiten kann. Aber wie bescheiden und ehrlich, wie geduldig und sanftmütig, wie andächtig und friedlich er oder sie ist, davon spricht niemand. Die Natur sieht nur auf das Äußere des Menschen, aber die Gnade wendet sich zum Inneren. Die Natur wird oft betrogen, aber die Gnade lässt sich nicht betrügen.

Die moderne Technologie ist dabei, das Äußerliche, Vordergründige des Menschen genau perfekt zu analysieren und zu entschlüsseln. Man denke an die Gesichtserkennung mit der Künstlichen Intelligenz, an die Gang- und Stimmerkennung. Mit all dem lassen sich Charaktermerkmale, Verhaltensmuster, Stimmungen und Krankheiten schon jetzt mit ungeheurer Präzision erkennen. Nur die innere Verbindung zum Universum lässt sich nicht überwachen, auch nicht mit Künstlicher Intelligenz. Sie wird irgendwann vielleicht unser letztes Geheimnis sein.

Weise Worte

Der Schöpfer: »Du kannst keine vollkommene Freiheit genießen, wenn du dich selbst nicht ganz und gar verleugnest. Alle, die nach Reichtum streben, sich selbst lieben, lüstern, vorwitzig und genusssüchtig sind, die immer nur nach einem bequemen Leben trachten, sich in ihren Gedanken und Einbildungen oft mit Dingen beschäftigen, die keinen Bestand haben, alle diese Menschen ähneln einander. Merke dir nur diese wenigen Worte, welche so viel Weisheit in sich bergen:

Verlass alles, und du wirst alles finden.
Verlass die Begierde, und du wirst die Ruhe finden.

Nimm dir das zu Herzen, und wenn du danach handelst, wirst du früher oder später alles vollkommen verstehen.«

Der Mensch: »Was du mir hier aufträgst, ist nicht an einem einzigen Tag zu schaffen. Es dauert lang. Es ist kein Kinderspiel. Es ist schwierig für mich. Aber ich erkenne: In deinen wenigen Worten ist die ganze Vollkommenheit enthalten.«

Der Schöpfer: »Du musst nicht gleich den Mut verlieren, wenn du vom Weg der Vollkommenheit hörst. Fühle dich eher freundlich angetrieben! Du musst noch vieles verlassen und hinter dir lassen.«

Die Unbeständigkeit des Herzens

Vertraue nicht auf das Gefühl, das du jetzt gerade hast. Es wird sich schon bald ändern. Solange du lebst, bist du der Veränderlichkeit unterworfen. Ob du es willst oder nicht. Du kannst dich nicht dagegen wehren. Mal bist du freudig, mal traurig. Mal in Ruhe, mal in Unruhe. Mal konzentriert, mal zerstreut. Mal fleißig, mal faul. Mal ernsthaft, mal leichtsinnig.

Nur ein wirklich weiser und spirituell geschulter Mensch ist über diese Veränderlichkeit erhaben. Er achtet nicht darauf, was er jetzt gerade empfindet, oder von welcher Seite der Wind der Unbeständigkeit weht, sondern er ist nur bedacht, dass die Richtung seines ganzen Gemütes nach oben zu seinem spirituellen Ziel führt.

Nennen wir es das Auge der Absicht. Je reiner es ist, desto beständiger kommen wir durch die Widrigkeiten. Leider ist dieses Auge der Absicht bei vielen Menschen getrübt und sieht nur das Angenehme. Nur selten ist jemand ganz frei von dem Fehler der Selbstsucht. Wir müssen die Absicht reinigen, damit sie aufrichtig ist. Sie muss auf die Wahrheit und den guten Weg gerichtet sein und darf nicht bei Unwichtigem verweilen.

Bequemlichkeit schadet

Zu sicher solltest du dich nie im Leben fühlen. Du musst geduldig sein und einen festen Willen haben. Auch ein gewisses Maß an Misstrauen brauchst du. Denn nicht alle sind dir wohlgesonnen, nicht alle sagen die Wahrheit.

Manchmal musst du leiden, manchmal musst du
Streit und Gegenwind ertragen. Bleib tapfer.
Bleib standhaft. Wer immer nur zaudert,
jammert und zögert, wird sich elendig fühlen.

Wenn du in diesem Leben immer nur die bequeme Ruhe suchst, wie willst du dann zur ewigen Ruhe gelangen? Übe dich in Geduld und dem Erdulden. Suche den wahren Frieden, aber suche ihn nicht auf der Erde, sondern im Himmel. Suche ihn nicht bei den Menschen oder bei den übrigen Geschöpfen, sondern allein beim Schöpfer.

Glaubst du wohl, du wirst spirituellen Trost immer nach Wunsch haben? Selbst die Heiligen hatten ihn nicht immer, sondern mussten viele Beschwerden, Versuchungen und große Trostlosigkeit ertragen. Sie verloren aber doch nie die Geduld und vertrauten mehr auf den Schöpfer als auf sich selbst, weil sie wohl wussten, dass die Leiden dieser Zeit mit dem, was sie sich dadurch verdienen, nicht vergleichbar sind. Willst du immer sofort haben, was sich viele nur mit Tränen und großer Mühseligkeit erkämpft haben? Nutze sowohl die Kräfte deines Körpers als auch die Fähigkeiten deiner Seele, um dich in Demut zu üben. In Zeiten größter Not wird dich diese Demut tragen.

Probleme, Schicksalsschläge, Krankheiten. Manchmal benötigt der Mensch Hilfe von außen, medizinische, psychologische Unterstützung. Die Versuchungen des Lebens machen ihn krank. Im Narrativ der Bibel führte der Teufel auch Jesus in Versuchung. Er zog sich in die Wüste zurück und fastete, wie gesagt. Fasten erhöht die Aufmerksamkeit für alles Spirituelle, es gibt uns die Chance, unseren Weg nach oben »mit reinem Auge der Absicht« zu verfolgen, wie Thomas von Kempen es nennt.

Die eitlen Urteile der Menschen

Setze dein ganzes Vertrauen auf die ewige Wahrheit. Fürchte nicht die Urteile der Menschen, wenn du nach deinem Gewissen unsträflich und schuldfrei bist. Auf diese Weise zu leiden ist gut und wird einem demütigen Herzen leichtfallen. Viele Leute reden vieles. Deshalb solltest du ihrem Gerede nicht so leicht glauben. Es ist ohnehin nicht möglich, es allen recht zu machen. Obwohl sich der heilige Paulus, der bedeutendste Missionar des Urchristentums und einer der ersten Theologen, Mühe gab, allen zu gefallen, bedeutete es ihm gleichzeitig sehr wenig, von den Menschen beurteilt zu werden.

Dieser heilige Apostel hat unermüdlich zur Erbauung anderer Menschen und für ihr Heil gearbeitet. Er hat all seine Kräfte und all seine Mühe darauf verwendet. Aber er konnte es doch nicht verhindern, dass er bisweilen von anderen gerichtet und getadelt wurde. Deswegen überließ er alles dem Schöpfer, dem alles bekannt war, und verteidigte sich mit viel Geduld und Demut gegen Menschen, die unbegründet böse über ihn redeten, falsch von ihm dachten und mutwillig Lügen über ihn verbreiteten. Nur manchmal antwortete er direkt auf diese Verleumdungen. Denn er wollte nicht den Schwachen durch zu viel Stillschweigen Ärger bereiten.

Warum solltest du dich vor einem sterblichen Menschen fürchten? Heute ist er, und morgen gibt es ihn vielleicht nicht mehr.

Erkenne die unsterblichen Werte und die sterblichen Menschen werden dir keinen Schrecken mehr einjagen.

Was kann ein Mensch dir mit Worten oder Unrecht schon antun? Er schadet vielmehr sich selbst als dir. Denke daran, was wirklich zählt, und beklage dich nicht so sehr.

Der genannte heilige Paulus schrieb im zweiten Korintherbrief: »Fünf Mal erhielt ich die neununddreißig Hiebe, drei Mal wurde ich ausgepeitscht, einmal gesteinigt, drei Mal erlitt ich Schiffbruch, eine Nacht und einen Tag trieb ich auf hoher See. Ich war oft auf Reisen, gefährdet durch Flüsse, durch Räuber, gefährdet in der Wüste, auf dem Meer, gefährdet durch falsche Freunde. Ich erduldete Mühsal und Plage, durchwachte viele Nächte, ertrug Hunger und Durst, häufiges Fasten, Kälte und Blöße.« Der Mann hatte viel durchgemacht, aber es hatte ihn nicht umgebracht. Es hatte ihn stärker gemacht und weitergebracht.

Wie du dich selbst verlässt

Der Schöpfer: »Verlass dich selbst, und du wirst die Wahrheit finden. Verzichte auf alles und entsage dich von jedem Eigentum. Du wirst dadurch gewinnen und wahrlich reich werden. Denn sobald du dich ganz der geistigen Welt und den höheren Werten übergibst und diese Übergabe auch nicht mehr zurücknimmst, wirst du mehr bekommen, als du dir wünschen kannst.«

Der Mensch: »Wie oft soll ich mich selbst verlassen und wie kann ich verzichten und mich entsagen?«

Der Schöpfer: »Allzeit und zu jeder Stunde. Wie im Kleinen, so auch im Großen. Ich klammere nichts aus, sondern ich verlange, dass du von aller Anhänglichkeit an was auch immer frei bist.

Du solltest allen Eigenwillen, innerlich und äußerlich, gänzlich ablegen. Je geschwinder du dies tust, desto besser wird es dir gehen. Und je vollkommener und aufrichtiger es geschieht, desto mehr wirst du dadurch gewinnen.

Einige übergeben sich mir, aber mit gewissem Vorbehalt, denn sie vertrauen nicht vollkommen auf mich. Deswegen bemühen sie sich, sich vorzusehen. Andere bringen anfangs das Ganze zum Opfer, aber wenn die Versuchungen folgen, kehren sie wieder zu ihren alten Gesinnungen zurück. Daher machen sie auch in der Tugend keine Fortschritte. Sie werden nie zur wahren Freiheit eines reinen Herzens noch zur Gnade gelangen, wenn sie nicht zuvor sich mir ganz übergeben.

Ich habe dir schon oft gesagt und sage es dir noch einmal: Verlass dich selbst und du wirst großen inneren Frieden finden. Gib alles, verlange nichts und fordere nichts zurück. Halte dich einzig und ohne Bedenken an der ewigen Wahrheit fest und du wirst sie besitzen. Du wirst im Herzen frei sein, und die Finsternis wird dir nicht schaden. Die quälende Unruhe und die überflüssigen Sorgen werden aufhören. Die unverhältnismäßige Furcht wird weichen und deine schädliche Eigenliebe wird absterben.«

Die innere Stimme als Zuflucht

Du musst dir alle Mühe geben, an allen Orten und bei allen Handlungen oder äußerlichen Beschäftigungen in deinem Innern gesammelt zu bleiben. Bleibe frei und deiner selbst mächtig. Herrsche über alles und lasse dich von den Geschöpfen nicht beherrschen. Bleibe Herr oder Herrin über deine Handlungen. Ordne sie an, aber werde nicht ihr Knecht oder ihre Leibeigene.

Bleibe in allen Situationen niemals beim äußerlichen Scheine stehen. Betrachte, was du gesehen oder gehört hast, nicht nur mit deinen Sinnen, sondern vor allem auch mit deinem Geiste! Frage die innere Stimme um Rat! Richte den Blick in deine Seele und du wirst klügere Antworten finden. Mach es wie Moses, der sich bei Schwierigkeiten immer in seine zeltartige Stiftshütte begab und seine Zuflucht beim Gebet suchte, um äußere Gefahren abzuwenden und der Bosheit der Menschen Einhalt zu gebieten. Genau wie er musst auch du dich in das Innerste deines Herzens begeben. Dieses Innehalten wird dich auch davor schützen, schönen, aber gelogenen Worten zu glauben und dich durch verstellte Aufrichtigkeit hintergehen zu lassen.

Der niederländische Philosoph Baruch de Spinoza schrieb in seinem Hauptwerk *Ethica more geometrico demonstrata*, zu deutsch *Ethik, nach geometrischer Methode dargelegt* einen wunderbaren Satz: Man betrachte die Dinge *sub specie aeternitatis*, das heißt, unter dem Blickwinkel der Ewigkeit. Der philosophische Geist sieht in den Dingen nicht ihren trügerischen Erscheinungsmodus, vielmehr das Inhaltliche, die ewige Substanz, die Spinoza »Gott« oder »Natur« nannte.

Sich selbst verleugnen

Der Schöpfer: »Überlasse mir stets deine Angelegenheiten. Ich werde alles zu seiner Zeit richtig machen. Warte auf meine Anordnung, und du wirst sehen, dass es nur zu deinem Vorteile und Nutzen ist.«

Immer wieder schreibt Thomas von Kempen, unter anderem in den Passagen, in denen er wie in dieser den Schöpfer zitiert, von den Aufträgen und Hinweisen, die dieser Schöpfer den Suchenden gibt. Keineswegs meint er damit, dass er dabei mit donnernder Stimme zu ihnen spricht wie in den berühmten Erzählungen, Romanen, Serienfolgen und Spielfil-

men *Don Camillo und Peppone* von und nach Giovannino Guareschi, vielmehr bezieht er sich, das sei hier noch einmal betont, auf die innere Stimme. Mit ihr verhält es sich wie mit vielen anderen menschlichen Funktionen. Wenn wir sie benützen, entwickelt sie sich, wenn wir sie ignorieren, verkümmert sie. Suchende, könnten wir sagen, hören ihre innere Stimme mit der Zeit immer deutlicher, alle auf ihre eigene Weise, die sie am Beginn ihrer Suche als entscheidende Voraussetzung dafür entdecken. Je höher wir auf der Himmelsleiter nach oben gelangen, so ließe sich Thomas von Kempens Botschaft interpretieren, umso lauter hören wir diese Stimme und umso deutlicher sehen wir die Zeichen und Symbole, die uns leiten, welche immer das auch sind.

Der Mensch: »Gerne überlasse ich dir alles, denn ich kann mit meiner Grübelei ohnehin nicht viel ausrichten. Wie schön wäre es, wenn ich mich nicht so sehr wegen künftiger Dinge sorgen, sondern mich lieber gleich dir anvertrauen würde.«

Der Schöpfer: »Ein Mensch strebt oft mit viel Unruhe nach einer Sache, die er sich wünscht. Doch sobald er sie erlangt hat, fängt er an, anders zu denken, weil die Neigung zu ihr nicht dauerhaft ist, sondern vielmehr das Gemüt bald zu diesem, bald zu einem anderen Gegenstande neigt. Es ist für Menschen nicht einfach, auch in den geringsten Dingen sich selbst zu verleugnen.

Der wahre geistige Fortschritt eines Menschen besteht in der Selbstverleugnung. Der Mensch, der sich selbst verleugnet, genießt große Freiheit und Sicherheit. Aber der alte Feind, der sich allem Guten widersetzt, hört nicht auf, ihn zu versuchen. Tag und Nacht setzt er ihm mit seinen Nachstellungen heftig zu und versucht auf jede erdenkliche Weise, den Unvorsichtigen in seine betrügerischen Fallstricke zu verwickeln und zum Falle zu bringen. Sei achtsam und in dich gekehrt, damit du nicht in Versuchung gerätst.«

Der Mensch verhält sich oft wie ein Kind. Er möchte ein Spielzeug haben, und wenn er es bekommen hat, interessiert es ihn gar nicht mehr. Dann möchte er schon das nächste. Die infantilen Wünsche ändern sich mit der Zeit, nicht aber das Prinzip dahinter. Es sei denn, er erkennt, worum es im Leben wirklich geht. Dann werden diese Wünsche weniger drängend, aber die Gefahr, dass sie ihn wieder nach unten ziehen, sobald er ihnen nachgibt, bleibt immer bestehen.

Die falsche Gier nach Anerkennung

Der Mensch: »Was ist der Mensch überhaupt, dass du dich so liebevoll um ihn kümmerst? Womit hat er es verdient, dass du ihm deine Gnade gibst? Darf ich mich beklagen, wenn du mich verlässt? Was kann ich tun, wenn du mich in meinen Bitten nicht erhörst? Eines kann ich mit Gewissheit denken und sagen: Ich bin nichts. Ich kann nichts. Ich weiß nichts. Immer strebe ich nach Dingen, die es nicht gibt. Wenn du mir nicht zu Hilfe kommst und mich unterrichtest, verfalle ich ganz der Oberflächlichkeit und Sinnlosigkeit. Ich neige leider mehr dazu, im Guten nachzulassen, als in meinen Eigenschaften als guter Mensch weiterzukommen, zu reifen und zu wachsen. Ich bin bei meinen sinnvollen Lektionen oft nachlässig, weil ich einem ständigen Wechsel unterworfen bin. Und doch geht es mir gleich besser, wenn ich die helfende Hand bemerke, die du mir reichst. Du allein kannst mir ohne Zutun eines Menschen helfen und mich darin stärken, mich nicht mehr von dir abzuwenden. Denn du erinnerst mich daran, mich nicht mehr nach Dingen zu sehnen, sondern mein Herz auf dich zu richten. Du bist meine innere Stimme.

Ich danke dir für alles, weil alles von dir kommt. Es liegt an dir, wenn es mir gut ergeht. Als sterblicher Mensch bleibe ich aber immer auch eitel und letztendlich ein leeres Nichts. Demütig erkenne ich immer wieder: Ich bin ein unbeständiger und schwacher Mensch. Wofür sollte ich mich also rühmen?

Warum giere ich oft danach, von möglichst vielen Menschen geliebt und geschätzt zu werden? Vielleicht gerade wegen dieser Leere in mir? Diese Gier nach Ruhm und Anerkennung ist verderblich und wie eine schwelende Krankheit. Denn sie lenkt mich ab von dem, worum es wirklich für uns Menschen geht.

Wenn der Mensch sich selbst besonders gut gefällt, missfällt er dir. Und während er begierig nach menschlichem Lob lechzt, verliert er die wahren, die echten Tugenden.

Die wahre Ehre und die himmlische Freude bestehen darin, sich in dir und nicht in sich selbst zu rühmen. Ich will mich in deinem Namen und nicht über meine eigene Stärke freuen. Ich möchte an keinem Geschöpf außer an dir Wohlgefallen haben. Dich will ich loben und nicht mich selbst. Dein Werk will ich bewundern und nicht meines.«

Thomas von Kempens magische Schrift ist wie gesagt nichts anderes als der freigelegte spirituelle Kern der Bibel. An manchen Stellen wie dieser hier wird das besonders deutlich, denn im Psalm 8 der Bibel heißt es: »Wenn ich deinen Himmel sehe, das Werk deiner Finger, den Mond und die Sterne, die du hingesetzt hast: Was ist der Mensch, dass du seiner gedenkst, und des Menschen Kind, dass du dich seiner annimmst?«

Die Frage ist berechtigt. Das Universum hat 100 Milliarden Galaxien. Jede Galaxie hat 200 Milliarden Sterne. Doch selbst in dieser unvorstellbaren Fülle scheint der Mensch etwas Besonderes zu sein. Aus gutem Grund: Er ist das Ebenbild des Schöpfers und Weltenbaumeisters.

Das Wesentliche ist unsichtbar

Der Schöpfer: »Oft wirst du erleben, wie andere Menschen geehrt und bewundert werden, du aber nicht beachtet oder sogar gedemütigt wirst. Nimm es dir nicht zu Herzen. Gehe nach innen, prüfe dein Herz und du wirst erkennen, was wirklich wesentlich ist. Die Bewunderung der Menschen geht schnell vorüber. Wer heute noch beachtet wird, ist oft morgen schon vergessen und leidet dann vielleicht an dieser Missachtung ganz besonders. Wer in sich ruht und sich immer wieder an die wahren Werte erinnert, dem ist die Bewunderung der Menschen nicht mehr viel wert. Er ist nicht mehr von ihr abhängig. Er ist frei.«

Der Mensch: »Leider sind wir Menschen blind. Wir lassen uns leicht beeindrucken und wir sehnen uns nach Beachtung und Ehre. Aber wenn ich es recht bedenke, merke ich, dass mir niemals ein Mensch großes Unrecht zugefügt hat. Ich will mich also nicht beklagen. Ich will mich selbst nicht so ernst und nicht so wichtig nehmen. Ich merke, je unwichtiger ich mir selber werde, desto einfacher kann ich inneren Frieden, milde Gelassenheit und eine beständige Ruhe fühlen. Du weist mir den Weg: Ich muss mich selbst loslassen, um echte Stärke und Erleuchtung zu finden.«

Die Liebe trägt uns

Der Schöpfer: »Wenn du deinen Frieden auf einen Menschen baust, weil er mit dir gleichgesinnt ist und mit dir lebt, wirst du unbeständig sein und in viele Unruhen verwickelt. Wenn du aber auf die immer lebendige und bleibende Wahrheit vertraust, wird es dich nicht allzu sehr betrüben, wenn dich dieser geliebte Mensch verlässt oder stirbt. Die Liebe zu einem Menschen kann dich nur tragen, wenn du dich gleichzeitig immer wieder auf die ewige Wahrheit besinnst. Jeden Menschen, den du liebst, solltest du auch meinetwegen lieben.

Eure Liebe ist eingebettet in etwas, das viel größer ist als ihr beide. Größer als jeder einzelne von euch. Das zu wissen und zu bedenken, wird dir helfen, dich nicht allzu sehr an diesen Menschen zu klammern. Nicht allzu sehr auf ihn zu bauen.

Wer die Ewigkeit kosmischer Liebe erkennt, den wird sie sicher durchs Leben tragen. Die wichtigste Voraussetzung dafür ist Demut.

Wer nur um sich selbst kreist, hindert die Liebe daran, ihn zu erreichen und ihn zu stärken.

Sein Ego steht ihm im Weg. Die Erfahrung der kosmischen Liebe verlangt immer ein demütiges Herz. In der Meditation und im Gebet kannst du mir all deine Liebe schicken, die du für deine liebsten Menschen empfindest. So kann deine Liebe wachsen und reifen. Deine Seele kommt der höchsten Erkenntnis und der geistigen Reife Tag für Tag ein Stückchen näher.«

Ein guter Mensch sein

Der Schöpfer: »Lass dich nicht beeindrucken oder bezirzen von den gestelzten und hochtrabenden Reden der Menschen. Das Reich des Schöpfers besteht nicht aus Worten, sondern aus einer nährenden Kraft.

Achte auf Worte, die dein Herz entzünden
und deinen Verstand erleuchten.

Verinnerliche Sätze, die dich zu Demut und Reue bewegen und dir Trost spenden. Lies nie auch nur ein einziges Wort, nur damit dich andere Menschen für besonders gelehrt oder weise halten. Es geht nicht um die Außenwirkung! Übe dich lieber in der Überwindung deines Egos. Arbeite daran, deine schlechten Gewohnheiten abzulegen. Diese Übungen und Bemühungen werden dir viel mehr nutzen, als über Antworten auf schwierige und abstrakte Fragen zu grübeln.

Wählst du den spirituellen Weg, wirst du eine tiefere, eine echte Wahrheit finden.

Es geht nicht um Logik. Es geht um Erkenntnis.

Es ist gut, viel zu lesen und viel zu lernen! Doch du solltest immer wieder zum Ursprung zurückkehren.

Wissen ist nichts ohne Moral.

Weisheit und geistiger Fortschritt lassen sich nur durch innere Einkehr erreichen. Es geht also vielmehr darum, was die Erkenntnisse in dir bewirken, als darum, sich als besonders intelligent hervorzutun. Wer nur eitel unnützes Wissen anhäuft, ist eins ganz sicher: ein weiser Mensch.

Letztendlich muss es bei all unseren Bestrebungen darum gehen, ein guter Mensch zu sein. Alles, was du liest und lernst, sollte mit einem reinen Gewissen Hand in Hand gehen.

Weisheit ist nicht laut.
Wenn die Redseligkeit verstummt, wirst du sehen,
was dir bleibt und was es wert ist.

Wahre Demut bringt vollkommene Erleuchtung. Ewige Wahrheit wirkt stärker als alles Schulwissen und alle wissenschaftlichen Erkenntnisse. In Büchern spricht nur eine einzige menschliche Stimme. Aber ich lehre ohne das laute Geräusch der Worte, ohne Verwirrung der Meinungen, ohne Stolz und Ehrgeiz, ohne Streit und Diskussionen.

Ich lehre euch, wie unwichtig alles Vergängliche ist. Ich lehre euch, was ewig währt. Ich lehre euch, die Arroganz abzulegen. Ich lehre euch Bescheidenheit. Ich lehre euch Hoffnung. Ich lehre euch Liebe.«

Dem Herz Frieden schenken

Der Schöpfer: »Du musst nicht alles wissen. Alles wissen zu wollen kann sehr anstrengend sein. Akzeptiere, manche Dinge nicht oder noch nicht zu wissen oder zu verstehen. Hab Geduld.

Wenn du zu viele Informationen konsumierst, nutzen sie dir irgendwann nichts mehr. Deine Seele kann nicht so viel aufnehmen und verarbeiten.

Denke immer an deinen inneren Frieden. Er ist das Wichtigste und ihn gilt es zu schützen.

Mache dich auf die Suche nach äußeren Eindrücken, die deinem Herz Ruhe und Frieden schenken. Interessiere dich für die Welt, aber bleibe in deinem innersten Kern ruhig.

Der Mensch: »Wie wenig von deinen Lehren habe ich bisher in die Tat umgesetzt? Ich weiß, dass ich mich oft ohne Grund aufrege oder von anderen in Aufregung versetzen lasse. Ich weiß, dass ich oft ungefiltert Informationen konsumiere, die mich überrollen wie eine große Welle. Oft beschäftige ich mich kopflos mit Dingen, die mir wenig oder gar keinen Nutzen bringen. Oft lasse ich mich von unnötigen Dingen verführen, die mir sogar schaden. Den Schaden an meiner Seele bemerke ich oft nicht oder erst viel zu spät. Ich weiß, ich sollte mich vom Außen abwenden und in mein Inneres zurückkehren und ich vertraue auf deine Hilfe.«

Über die Leichtgläubigkeit

Der Mensch: »Bitte hilf mir, wenn ich traurig bin. Hilf mir besonders, wenn mir kein Mitmensch hilft. Menschen haben mich schon oft im Stich gelassen. Sie haben mein tiefes Vertrauen enttäuscht. Dagegen fand ich manchmal Hilfe und Beistand von Menschen, von denen ich es gar nicht erwartet hätte. Aber wir Menschen sind unzuverlässig. Auf uns ist nicht immer Verlass. Viel zu schnell ändern wir unsere Meinung. Viel zu viele von uns lügen und betrügen.

Es ist unglaublich schwer, sich immer umsichtig zu verhalten, achtsam zu sein und sich niemals täuschen zu lassen. Aber ich spüre: Wenn ich in mir ruhe, falle ich nicht so leicht auf die Falschen herein. Wer in sich ruht, kann sich selbst trösten und verliert auch die Hoffnung nicht so schnell. Es ist für uns Menschen nicht leicht, Freunde zu finden, die uns auch in schwierigen Zeiten treu bleiben. Die Liebe und Treue der ewigen Wahrheit verlieren wir nie.

Wäre mein Gemüt spirituell gefestigt und gegründet im Höheren, würden mich die menschlichen Ängste nicht so leicht erschüttern und leichtsinnige Bemerkungen anderer würden mich nicht so sehr beunruhigen. Aber wer kann sich schon vorher wappnen gegen Verletzungen und wer kann schon alle künftigen Übel verhüten? Jedenfalls werde ich schwacher Mensch versuchen, mich auf alles gefasst zu machen und immer vorbereitet zu sein.

Du hast uns gewarnt: *»Nehmt euch vor den Menschen in Acht! Denn sie werden euch an die Gerichte ausliefern und auspeitschen.«* So steht es in der Bibel.

Wir dürfen nicht alles glauben, was die Menschen so reden. Ich habe gelitten und wurde eines Besseren belehrt. Ich habe mich einem Freund anvertraut, der mir versprochen hatte, mein Geheimnis für sich zu behalten. Doch er hat alles einfach weitergetratscht.

Bewahre mich bitte vor Geschwätz und rücksichtslosen und redseligen Menschen. Ich will ihnen nicht in die Hände fallen. Ich will nicht noch einmal in solch eine schutzlose und sinnlose Lage geraten. Aus meinem Mund sollen nur wahre und starke Worte kommen und meine Zunge soll sich von aller Verschlagenheit fernhalten. Eigentlich ist es ganz einfach: Was ich mir von anderen nicht antun lassen will, davor muss ich mich auch selbst mit aller Kraft hüten.«

Auch das ist heilsam: Stillschweigen. Wie leicht lässt sich oft der Frieden in der Familie oder mit Freunden bewahren, wenn wir einfach nur schweigen. Außerdem sollte ich nicht alles leichtsinnig glauben, was mir Menschen erzählen.

Vertraue der Liebe und misstraue den Worten

Der Schöpfer: »Sei standhaft und verliere nie die Hoffnung. Vertraue.

Was sind Worte anderes als Worte?
Sie fliegen zwar durch die Luft, aber einem
Stein können sie kein Leid zufügen.

Bist du schuldig, denke darüber nach, wie du dich bessern kannst. Bist du unschuldig, bemitleide dich nicht selbst. Frage dich, was du aus der Situation lernen kannst.

Manchmal musst du heftige Worte deiner Mitmenschen ertragen. Manchmal musst du ihr gemeines Gerede einfach aushalten. Kleine Beleidigungen auszuhalten stärkt und rüstet dich für die großen Verletzungen.

Nimm dir böse Worte nie zu Herzen.
Lerne und wachse an ihnen.

Erforsche dein Herz. Du wirst vermutlich erkennen, dass in dir noch viel Oberflächlichkeit und Gefallsucht stecken. Wenn du dir Kritik und Gerede noch zu Herzen nimmst, ist dies ein offenbares Zeichen, dass du noch nicht wahrhaft demütig bist. Höre meine Worte, und du wirst alles Reden der Menschen nicht achten. Stell dir einmal vor, man würde dich auf die übelste Weise beschimpfen. Was würde passieren, wenn du gar nicht reagierst? Würde es dir schaden, wenn du es, ohne dich auch nur mit einem einzigen Wort zu verteidigen, vorübergehen ließest und dich darüber genauso wenig wie um einen winzigen, nicht spürbaren Splitter bekümmerst? Würdest du deswegen auch nur ein Haar von deinem Haupt verlieren?

Wer im Geist nicht gesammelt ist, lässt sich leicht beunruhigen. Wer wirklich vertraut, wird von aller Furcht frei sein. Worte sind wie der Wind. Aber es gibt eine tiefliegende, ewige Wahrheit, die du sehen kannst, wenn du in dich gehst und deiner inneren Stimme lauschst. Diese Wahrheit erkennt alles. Auch das Verborgene. Sie weiß, wie es wirklich geschehen ist. Sie sieht den Beleidiger und den Beleidigten zugleich. Sie kennt ihre Gefühle und Beweggründe. Sie versteht.

Der Mensch: »Ich werde mich in Zuversicht üben. Ich will selbstkritisch sein und bemerken, wenn ich selbstgerecht denke, spreche und handle. Ich will so oft es geht in mich gehen und mich vor Selbstgerechtigkeit bewahren. Sanftmut und Demut sollen meine Ideale sein.«

Das ewige Leben

Der Schöpfer: »Lass dir von Mühseligkeit den Mut nicht nehmen. Lass dich auch von Krisen nicht zu Boden drücken. Halte nur eine kurze Zeit aus, und du wirst sehen, wie schnell deine Probleme enden werden. Warte.

Es wird eine Stunde kommen, in der alle Anstrengung und Unruhe aufhört. Alles, was mit der Zeit vergeht, ist letztlich nichtig und bedeutungslos.

Konzentriere dich auf deine Aufgaben auf dieser Erde. Arbeite. Schreibe, lies, singe, seufze, schweige, meditiere, bete und ertrage deine Probleme mit Großmut. Das ewige Leben ist es wert, dass du diese und noch härtere Kämpfe ausstehst. Eines Tages wird der Friede kommen, und danach wird es keinen Tag und keine Nacht mehr geben, sondern nur noch ein immerwährendes Licht. Stelle sie dir vor: diese unendliche Klarheit, diesen dauerhaften Frieden und diese sichere Ruhe. Du wirst nicht mehr sagen: »Wer wird mich von meinen Schmerzen befreien?« Du wirst auch nicht mehr fragen: »Wie lange werde ich leben und wie wird mein Tod sein?« Du wirst nicht mehr rufen: »Ich habe solche Angst vor dem Tod!« Dem Tod wird seine Macht genommen. Deine Glückseligkeit wird vollkommen sein. Du wirst keine Angst mehr spüren, sondern nur noch selige Freude. Das ist das wahre ewige Leben. Das ist die endlose Ruhe im Reich des Weltenbaumeisters.«

Bitteres Geständnis

Der Mensch: »Du hast mir meine himmlische Heimat gezeigt. Den hellschimmernden Tag der Ewigkeit, den keine Nacht mehr verfinstert. Die Unvergänglichkeit ist wie ein Tag der immerwährenden Freude. Die Ewigkeit ist eine tiefgreifende Sicherheit, die keinen Wechsel kennt.

Für die Suchenden schimmert der Tag der Erleuchtung bereits in seiner ganzen Klarheit. Sie erblicken seinen Glanz aus der Ferne und wie in einem Spiegel.

Die Weisen wissen, wie freudig jener Tag ist. Die Suchenden, die noch leiden, seufzen über ihr Leben, das manchmal bitter und voller Schmerz und Kummer ist. Die Ewigkeit lässt all dies verblassen. Sie strahlt unvergänglich.

Danke, dass du mir diesen strahlenden Ausblick zeigst. Ich muss bitter gestehen: Trotzdem leide ich hier auf Erden. Ich sehe die Not der Armen und Kranken. Meine Angst lähmt mich. Ich verhalte mich anders, als ich es eigentlich will, und leide dann darunter. Meine materiellen Wünsche und ungute Versuchungen zerren an mir. Streit und Konflikte rauben mir den Schlaf. Meine Arbeit erschöpft mich und ich finde keine Zeit, in mich zu gehen. Mein nimmersattes Ego dominiert meine Gedanken. Wann wird das alles ein Ende haben? Wann werde ich lernen, ein guter Mensch zu sein?

Du hast mir ausdrücklich gesagt: Wo dein Schatz ist, da ist auch dein Herz. Wenn ich den Himmel liebe, denke ich gerne an himmlische Dinge. Wenn ich die Welt liebe, habe ich eine Freude an den schönen Dingen der Welt und betrübe mich über ihre schlimmen Seiten. Wenn ich den Geist liebe, habe ich Freude daran, an geistliche Dinge zu denken. Denn was immer ich liebe, von diesem rede und höre ich gerne und bringe die Vorstellungen davon mit mir nach Hause. Glücklich sind deshalb jene Menschen, die allen weltlichen Dingen aus Liebe zu dir entsagen können.«

Der hellschimmernde Tag der Ewigkeit, er ist es, auf den die Suchenden, von denen hier die Rede ist, zustreben. Wann sie ihn erreichen, das hängt davon ab, wie konsequent sie auf ihrer Suche sind, wie sehr sie sich anstrengen, wie sehr es ihnen gelingt, von einer Erkenntnis zur nächsten zu gelangen, von einer Sprosse der Leiter zur nächsten. Aber das ist nur die eine Seite. Denn unfehlbar, unanfechtbar durch die irdischen Verlockungen wird ein auf der Erde lebender Mensch niemals sein. Er kann es nicht sein. Deshalb bedarf es für den Anbruch dieses Tages im Leben eines Menschen auch der »Gnade des Schöpfers«, um in der Diktion Thomas von Kempens zu bleiben. Genau das steht auch in einem der berühmtesten Gebete des Christentums und vielleicht sogar seines wichtigsten:

Herr, ich bin nicht würdig, dass du eingehst
unter mein Dach, aber sprich nur ein Wort,
so wird meine Seele gesund.

Erweitere dein Herz!

Der Schöpfer: »Du bist auf der Suche. Irgendwann spürst du das Verlangen, dich von deinem Körper zu befreien. Du willst die Schmerzen hinter dir lassen und alles Schmerzhafte abstreifen, wie eine Kleidung, die nicht mehr passt. Nutze diesen starken Wunsch! Erweitere dein Herz! Nutze diese Sehnsucht als Motor für deine geistige Entwicklung. Sei dankbar für alles, was du in diesem Leben geschenkt bekommen hast und immer noch bekommst. Sieh deinen Wunsch nach Schmerzlosigkeit und Frieden als Geschenk. Er kann eine mächtige Unterstützung sein.

Diese Sehnsucht ist nicht nur ein Ergebnis deiner Gedanken oder deiner Bemühung, sondern ein Geschenk von mir. Sie lässt dich in deiner Reife und Tugend vorwärtskommen. Sie vergrößert deine Demut. Sie wirkt wie ein Training und bereitet dich auf deine bevorstehenden Kämpfe und Probleme vor. Die Sehnsucht hilft dir, dich mit ganzem Herzen der beständigen Wahrheit zu verschreiben.

Oft brennt das Feuer, aber die Flamme steigt nicht ohne Rauch in die Höhe. Viele brennen vor Verlangen nach geistiger Reife und Weisheit, doch gleichzeitig sind sie nicht frei von fleischlichen Gelüsten und unguten Neigungen. Sie handeln inkonsequent und haben keine reinen Absichten.

Sich nach einem friedlichen Geist zu sehnen und gleichzeitig kopflos zu konsumieren kann nicht funktionieren. Wenn du ein Mensch bist, geht es dir genauso. Das ist ganz normal. Aber du kannst nach Höherem streben. Du kannst dich Tag für Tag bemühen, Egoismus und übertriebene Eigenliebe zu überwinden.

Versuche Folgendes: Wünsche nicht, was für dich erfreulich und bequem ist, sondern denke nach, was mich freuen würde. Vielleicht hilft dir das, von deiner Ichbezogenheit loszukommen. Frage nicht nur: Was macht mich glücklich? Frage stattdessen: Wie würde sich ein wirklich guter Mensch verhalten? Jammern ist einfach. Du beklagst dich oft, ob du es nun aussprichst oder im Stillen. Akzeptiere die Mühen, die Prüfungen und die Kämpfe, die du wie alle anderen Menschen nun einmal auch auszustehen hast. Lebe in tiefem Vertrauen und dem Wissen, dass sich alles letzten Endes lohnt.

Das Leben ist eine Prüfung. Eine lebenslange Übung in Demut. Nimm Trost an, wenn es ihn gibt. Akzeptiere auch Trostlosigkeit und Verzweiflung. Ermuntere dich. Sei stark. Sei mutig. Oft musst du tun, was du nicht willst. Oft musst du unterlassen, was du gerne tun möchtest. Du wirst manchmal überhört. Du wirst manchmal übersehen. Das gehört dazu.

Du wirst den Erfolg anderer Menschen erleben. Du wirst erleben, wie es manche zu Ruhm bringen. Du wirst Neid empfinden oder Trauer. Das ist normal. Wenn es dir gelingt, diese unabwendbaren Enttäuschungen des Lebens zu ertragen, ist das keine geringe Leistung. Wenn es dir gelingt, bist du geistig ein großes Stück deines Weges weitergekommen.

Denke immer dran, welche Früchte diese Schwierigkeiten und Enttäuschungen mit sich bringen. Bedenke, wie schnell sie vorbei sind und welch übergroße Belohnung du dafür zu erwarten hast. Dann wird es dir viel leichter fallen, sie zu ertragen. Du wirst nach all deiner Geduld den süßesten Trost genießen.

Lebe bescheiden und ohne Erwartungen. Kümmere dich nicht darum, wer dieses oder jenes sagt. Kümmere dich eher darum, dass du es gut aufnimmst und an Kritik und Widerständen wächst. Jeder versucht im Leben auf seine Weise glücklich zu werden. Alle suchen Freude. Aber du kannst dich darauf konzentrieren, deine Freude in einem tieferen Sinn zu finden. Diese Freude wird nicht oberflächlich sein, sondern tiefgreifend und echt. Viele Menschen in deinem Umfeld werden deine wahre Freude spüren und sich von ihr anstecken lassen.«

Gelassen und konzentriert

Der Schöpfer: »Du kannst deinen starken Wunsch, spirituell zu reifen, nicht immer in aller Beschaulichkeit verfolgen. Weil du ein Mensch bist, musst du dich mit all deinen angeborenen Schwächen zu niedrigen Arbeiten herablassen und die Last deines vergänglichen Lebens tragen. Solange du in deinem sterblichen Körper steckst, wirst du immer wieder auch Traurigkeit empfinden. Du kannst dich nicht immer langwierigen geistlichen Übungen widmen.

Deshalb ist es für dich nützlich, dich auch ganz simplen Übungen in Tugendhaftigkeit zu widmen.

Bemühe dich, im Alltag gleichzeitig gelassen und konzentriert zu sein.

Damit wird es dir leichter fallen, mir zu vertrauen und von Tag zu Tag mehr Geduld zu entwickeln. Ich bin an deiner Seite. Ich kann dir helfen, deine Probleme zu vergessen und innerlich ruhig zu sein.«

Reue und Vergebung

Der Mensch: »Ich bin deines Trostes oder einer innerlichen Heimsuchung nicht würdig. Deshalb verstehe ich es, wenn du mich in meiner Armut und Trostlosigkeit lässt. Selbst wenn ich ein ganzes Meer von Tränen weinen sollte, wäre ich deines Trostes noch nicht würdig. Denn ich habe dich oft beleidigt und viele Sünden begangen. Aber du bist nachsichtig. Du tröstest mich auch, wenn ich Fehler gemacht habe. Du vergibst mir immer wieder.

Wieso verdiene ich das? Ich habe nichts geleistet. Ich habe nichts Gutes getan. Ich war zu träge, mich endlich zu bessern.

Reue ist ein angenehmes Opfer. Sie ist wie eine wohltuende Salbe. Ein zerknirschtes und gedemütigtes Herz hast du noch nie verachtet. Bei dir lassen sich alle Fehler wieder ausbessern und alle Makel wieder abwaschen.«

Lass alles los!

Der Schöpfer: »Meine Liebe ist viel größer als die Liebe zu äußerlichen Dingen und größer als alle irdischen Tröstungen. Du musst alle Hindernisse dieser Liebe wegräumen, wenn du willst, dass ich sie dir gebe. Wähle einen einsamen Ort. Bleibe allein. Suche keine Gelegenheit, dich mit anderen Menschen über unnütze Dinge zu unterhalten. Beschäftige dich mit dem Kosmischen, dem Höheren. Sammle unablässig deinen Geist. Halte dein Gewissen rein. Erkenne: Die ganze Welt ist nichts. Denn alles Irdische ist vergänglich. Ziehe deshalb das innerliche und innige Gespräch mit mir allem Äußerlichen und Oberflächlichem vor. Lass alles los!

Welch großes Vertrauen wird ein Mensch auf dem Totenbett haben, der alles Weltliche losgelassen hat? Ein von allen Dingen gelöstes Herz zu haben, zeugt von großer geistiger Kraft. Wer ein wahrhaft geistliches Leben führen will, muss sich vor niemandem sorgfältiger hüten als vor sich selbst. Denn sobald du dich selbst vollkommen überwunden hast, wirst du alles Übrige leicht überwinden.

Der vollkommene Sieg besteht darin,
über sich selbst zu herrschen. Wer sich selbst
überwindet und sein Ego loslässt, überwindet
und überragt wahrhaft die ganze Welt.

Versuchst du, diesen Sieg zu erringen, musst du großmütig anfangen und die Axt an die Wurzel setzen. Rotte allen Eigennutz aus. Lösche dein Verlangen nach irdischen Dingen. Stoppe den sinnlosen und unersättlichen Konsum. Ist dieser Feind einmal bezwungen und zur Ruhe gebracht, machen dich dein innerer Friede und deine tiefe innere Ruhe bereit für die beständige Wahrheit.«

Es ist ein erstaunlicher Aspekt von Thomas von Kempens Buch, dass es sich heute auch wie ein Rettungsplan für diesen Planeten vor allem, was ihn bedroht, lesen lässt. Würden sehr viele Menschen den von ihm gewiesenen Weg gehen, hätten wir Probleme wie den Klimawandel oder die Vermüllung der Meere nicht, die allesamt Folgen des »unersättlichen Konsums« sind, und natürlich auch keine Kriege, die immer Folge von Gier und Überhöhung des Egos sind. Der Weg, diesen Planeten zu erhalten, ist ein innerer, könnten wir sagen, die so dringend notwendigen äußeren Veränderungen folgen dann ganz von selbst.

Die Natur des Menschen

Der Schöpfer: »Achte auf den Gegensatz zwischen menschlicher Natur und göttlicher Gnade. Der Unterschied ist sehr fein und nur wer Kenntnis vom innerlichen Leben hat und vollkommen erleuchtet ist, kann die beiden unterscheiden. Alle Menschen streben nach dem Guten. Und sie sind überzeugt, dass sie bei ihren Reden und Handlungen nur Gutes zum Ziel haben. In Wahrheit werden aber viele vom Glanz des Guten betrogen.

Die menschliche Natur ist schlau. Sie schafft es, viele für sich zu vereinnahmen. Sie verstrickt sich in Lügen und sie betrügt. Dabei hat sie immer nur sich selbst als Endzweck. Die kosmische Liebe ist genau das Gegenteil. Sie ist reine Aufrichtigkeit. Sie hält sich fern von allem bösen Glanz und Schein. Sie legt niemanden herein. Sie lügt und betrügt niemals. Alles tut sie nur für die ewige Wahrheit. Der Schöpfer ist ihr einziges und letztes Ziel. Sie sucht ihren Frieden allein in ihm.

Die menschliche Natur wehrt sich gegen den Tod des Egos. Sie will nicht unterdrückt oder überwunden werden. Sie will nicht untertänig sein und sich freiwillig in die innere Einkehr begeben. Sie bemüht sich nicht um gute Taten und selbstlose Liebe. Die kosmische Liebe dagegen hilft uns, allen Egoismus abzulegen. Sie widersteht schädlichen Sinnesfreuden, wie der Völlerei oder der Trunksucht. Sie überwindet jede selbstherrliche und selbstgerechte Gier. Sie liebt die Übungen des Geistes und sie will über niemanden herrschen als das eigene Ego.

Die menschliche Natur bemüht sich um ihren Vorteil. Sie schaut immer darauf, welchen Nutzen andere Menschen für sie haben. Die kosmische Liebe schaut nicht darauf, was für sie nützlich oder vorteilhaft ist. Ganz im Gegenteil. Sie versucht alles, damit es möglichst vielen Menschen gut geht.

Die menschliche Natur giert nach Ehre und Ehrenbezeigungen von anderen. Die kosmische Liebe schenkt alle Ehre nur mir, dem Schöpfer.

Die menschliche Natur fürchtet sich vor Beschämung und Verachtung. Die kosmische Liebe fürchtet keine Scham, denn Scham macht Menschen demütig und lässt sie geistig reifen.

Die menschliche Natur liebt Faulheit und Entspannung. Die kosmische Liebe will nicht faul sein, sie übernimmt sogar freiwillig Anstrengung und Arbeit.

Die menschliche Natur strebt nach seltenen und schönen Dingen. Sie verabscheut das Schlechte und das Geringe. Die kosmische Liebe hat Freude am Einfachen und am Demütigen. Sie verachtet auch das Unangenehme nicht und weigert sich nicht, alte und abgenützte Kleider zu tragen. Die menschliche Natur beschäftigt sich mit vergänglichen Dingen. Sie freut sich über jeden kleinen materiellen Gewinn und trauert über jeden unbedeutenden materiellen Schaden. Sie regt sich auf über jedes beleidigende Wort.

Die kosmische Liebe dagegen interessiert sich nur für die Ewigkeit. Sie hängt nicht an vergänglichen Dingen. Sie verachtet Materialismus. Der Verlust von Dingen beunruhigt sie nicht. Dinge sind ihr egal. Selbst die bösesten Worte können sie nicht erbittern, denn ihr Schatz und ihre ganze Freude ist im Himmel, wo nichts zugrunde geht.

Die menschliche Natur ist gierig und empfängt lieber, als sie gibt. Sie liebt und vergöttert ihr Eigentum. Aber die kosmische Liebe ist wohltätig und großzügig. Sie begnügt sich mit wenigem und hält das Geben für seliger als das Nehmen.

Die menschliche Natur neigt zu Eigenliebe, zu Eitelkeit und oberflächlichen Gesprächen. Die kosmische Liebe konzentriert sich auf die Tugend und die Moral. Sie verachtet Oberflächlichkeit und Dummheit. Sie hasst die Begierden des Fleisches. Sie hält sich fern von stumpfer Unterhaltung und unnötiger Gesellschaft. Wenn sie sich öffentlich zeigt, bleibt sie bescheiden und konzentriert auf das Wesentliche.

Die menschliche Natur liebt äußerlichen Trost und sinnliche Freuden. Die kosmische Liebe sucht ihren Trost in der Spiritualität. Sie will sich nicht an sichtbaren Dingen, sondern nur über die unsichtbaren und ewigen freuen.

Die menschliche Natur handelt immer zu ihrem eigenen Nutzen und Vorteil. Sie kann nichts unentgeltlich tun, sondern hofft, für ihre Wohltaten entweder das Gleiche oder etwas noch Größeres zu bekommen. Sie erwartet zur Belohnung eine ähnliche Wohltat oder zumindest Lob und Gunst. Alle sollen ihre Taten und ihre Geschenke bewundern.

Die kosmische Liebe will dagegen keinen anderen Lohn als Wahrheit, Erkenntnis und die Nähe zu mir, dem Schöpfer. Sie braucht zum Leben nur das wirklich Notwendige.

Die menschliche Natur freut sich über eine große Anzahl von Freunden und Verwandten. Sie ist stolz darauf, adelig zu sein. Wenn sie nicht adelig ist, gibt sie den Mächtigen Beifall und schmeichelt den Reichen. Auch wenn es sich nicht um gute Menschen handelt.

Die kosmische Liebe aber liebt sogar ihre Feinde. Sie ist nicht stolz auf die Menge ihrer Freunde. Sie achtet Adel und hohe Abkunft nicht, wenn nicht auch Tugend und gutes Benehmen damit verbunden sind. Sie begünstigt eher die Armen als die Reichen. Sie hat größeres Mitleid mit Unschuldigen als mit Mächtigen.

Die menschliche Natur beklagt sich gern über Mangel und Schwierigkeiten. Die kosmische Liebe erträgt standhaft Armut und Krankheit.

Die menschliche Natur macht sich alles zu eigen. Sie kämpft und streitet für sich. Die kosmische Liebe aber schreibt sich selbst nichts Gutes zu. Sie handelt nie stolz oder vermessen. Sie zankt nicht und zieht ihre Meinung anderen nicht vor, sondern unterwirft sie und ihren Verstand allzeit der ewigen Weisheit.

Die menschliche Natur will ständig Neuigkeiten hören und Geheimnisse erfahren. Sie träumt davon, bekannt und berühmt zu werden. Sie will durch ihre Taten Lob bekommen und Bewunderung erwecken.

Die kosmische Liebe gibt sich keine Mühe, Neuigkeiten oder seltsame Dinge zu erfahren. Sie will nicht, dass sie oder ihre Werke gelobt werden, sondern wünscht, dass ich, der Schöpfer, gepriesen werde.«

Hinduistisch und buddhistisch betrachtet ließe sich das Ziel des Handelns im Sinne der kosmischen, also göttlichen Liebe als »gutes Karma« beschreiben. Denn das Wort »Karma« bezeichnet ein spirituelles Konzept, nach dem jede Handlung physisch wie auch geistig unweigerlich Folgen hat. Die Folgen davon können, aber müssen nicht unbedingt im gegenwärtigen Leben wirksam werden, sie können sich auch erst in einem zukünftigen Leben manifestieren. Im Hinduismus und auch im Buddhismus bezeichnet »Karma« also die Wirkungen sowohl von Handlungen als auch von Worten und Gedanken in jeder Hinsicht, insbesondere für den jeweiligen Menschen selbst. Die Quantenphysik beschreibt es, stark verkürzt gesagt, so: Alles ist mit allem verbunden, Raum, Zeit, Masse, Energie und Elektromagnetismus. Jede Handlung, jedes Wort und jeder Gedanke sind Energie, die zu den Handelnden, Sprechenden und Denkenden zurückkommen kann, egal, ob sie noch Wesen aus Fleisch und Blut, also aus Materie, sind, oder sich bereits in eine andere Daseinsform, in eine andere Form von Energie verwandelt haben.

Die menschliche Natur überwinden

Der Mensch: »Du hast mich dir ähnlich erschaffen. Du hast mir gezeigt, wie mächtig deine Liebe ist und wie sehr ich sie brauche, um das höchste Ziel, das ein Mensch haben kann, zu erreichen. Gib mir also diese Kraft, meine menschliche Natur, die mich zu Hochmut und Sünde verleitet, zu überwinden. Ich brauche deine Liebe, um meine Natur zu überwinden.

Ihre Triebe verleiten die menschliche Natur zum Bösen. Sie verfügt nur über eine geringe edle Kraft. Diese Kraft gleicht einem Feuerfunken, der in Asche verborgen liegt. Dieser Funke ist nichts anderes als die natürliche menschliche Vernunft. Obwohl sie von dichter Finsternis umgeben ist, kann sie immer noch das Gute vom Bösen, das Wahre vom Falschen unterscheiden. Trotzdem ist sie unfähig, das Gute und Richtige zu tun. Sie sieht die Wahrheit manchmal nicht einmal im hellen Licht.

Gut, dass es deine beständigen Gesetze gibt. Sie helfen mir, mich vor dem Bösen und Sündhaften zu schützen. Leider halte ich meine vielen guten Vorsätze oft nicht ein. Beim kleinsten Widerstand komme ich von meinem Vorhaben ab.

Ich erkenne zwar den Weg der Vollkommenheit und sehe ihn deutlich genug vor mir. Doch gleichzeitig schwächt mich die Macht der Gewohnheit und verhindert, dass ich mich erhebe.

Wie dringend brauche ich deine Gnade! Ich will endlich Gutes tun, Gutes fortsetzen und Gutes vollenden. Ohne deine Liebe schaffe ich das nicht, aber mit ihr schaffe ich alles.

Meine eigenen Verdienste und alle Gaben der Natur sind wertlos.

Künste, Reichtümer, Schönheit, Stärke, Verstand und Wortgewandtheit gelten ohne die Liebe nichts. Denn die Gaben der menschlichen Natur gehören gleichermaßen den Guten und den Schlechten unter uns.

Deine Nachsicht und Liebe gelten nur den Auserwählten. Sie sind damit Zeit ihres Lebens voller Würde. Nicht einmal der Glaube, die Hoffnung und die übrigen Tugenden sind ohne die Nachsicht und die Liebe etwas wert.

Die Armen im Geiste machen deine Nachsicht und Liebe reich an Tugenden. Den Reichen flößen sie Demut des Herzens ein. Erfülle mich mit beidem, mit Nachsicht und Liebe, damit meine Seele stark wird. Ich bitte dich darum. Nichts anderes, wonach meine menschliche Natur sich sehnt, zählt jetzt noch.

Deine Liebe ist die Lehrerin der Wahrheit und die Mutter der Disziplin. Sie vertreibt unsere Traurigkeit, nimmt uns die Furcht, nährt uns innerlich und treibt uns Tränen des tiefen Verstehens in die Augen. Was bin ich als Mensch ohne deine Liebe anderes als ein unnützes, dürres Stück Holz? Darum soll sie mich durch mein Leben führen und mir helfen, ein guter Mensch zu sein.«

Tapfer den Weg des eigenen Lebens gehen

Der Schöpfer: »Je mehr es dir gelingt, aus dir selbst herauszugehen, desto mehr wirst du im Kosmos aufgehen. Wenn du von außen nichts mehr verlangst, findest du inneren Frieden und vereinigst dich mit dem großen Ganzen. Verlasse dein Ego. Lass es hinter dir. Doch ohne Weg kann man nicht gehen, ohne Wahrheit gibt es keine Erkenntnis und ohne Leben kann man nicht leben. Ich bin der Weg, auf welchem du wandeln musst. Ich bin die Wahrheit, welche du glauben sollst. Ich bin das Leben, auf welches du hoffen solltest. Ich bin der Weg ohne Umweg, ich bin die Wahrheit ohne Lüge, ich bin das Leben ohne Ende. Ich bin das ewige Leben.

Die zehn Gebote sind ein guter Wegweiser für dich. Wenn du versuchst, sie einzuhalten, bist du auf dem richtigen Weg. Willst du die Wahrheit erkennen, vertraue auf sie. Willst du vollkommen sein, lass alles Materielle hinter dir. Willst du weiterkommen auf deinem geistigen Weg, dann lerne, dein Ego zu verachten. Willst du das ewige Leben, gib nicht mehr so viel auf weltliche Dinge. Willst du aufgehen im großen Ganzen, dann erkenne, wie unbedeutend du als einzelner Mensch bist. Akzeptiere Schwierigkeiten und wachse an ihnen. Hältst du dich an diese Regeln und Gebote, wirst du großes Glück finden.«

Der Mensch: »Jesus hat auf Erden ein hartes und schwieriges Leben geführt. Hilf mir, damit ich nach seinem Vorbild stark sein kann. Alles, was ich sonst noch lese oder höre, bedeutet mir nicht mehr viel, denn es kann mir keine Hilfe sein und kein vollkommenes Glück schenken.«

Der Schöpfer: »Du weißt jetzt also, was zu tun ist. Du hast alles gelesen und du hast alles verstanden. Glücklich wirst du sein, wenn du in deinem Leben danach handelst. Wer meine Gebote begriffen hat und sie einhält, der liebt mich. Ich werde auch ihn lieben und mich ihm offenbaren. Ich werde immer für ihn da sein.«

Der Mensch: »Ich nehme alle Schwierigkeiten und Hindernisse als sinnvolle Übungen auf mich. Der Anfang ist gemacht. Zurückkehren will ich nicht mehr. Ich akzeptiere meine menschliche Bürde. Ich will jetzt diese spirituelle Reise antreten.«

Sei auf alles gefasst

Der Schöpfer: »Ich freue mich über deine Geduld und deine Demut. In harten Zeiten geduldig und demütig zu bleiben ist wertvoll für deine Entwicklung. Es ist hilfreicher, als in Zeiten des Glücks viel zu beten oder zu meditieren.

Frage dich in Konflikten und schwierigen Situationen selbst: Warum werde ich traurig oder wütend, wenn jemand etwas letztlich Unbedeutendes gegen mich sagt?

Selbst wenn es etwas wirklich Bedeutendes sein sollte, brauchst du dich nicht beunruhigen zu lassen. Lass den Dingen ihren Lauf. Lehne dich zurück, statt nach vorne in den Kampf zu preschen. Es passiert dir sicher nicht zum ersten Mal und wenn du noch länger leben willst, wird es auch sicher nicht das letzte Mal sein. Du bist standhaft! Glaube an dich!

Es fällt dir leicht, stark zu sein, solange dir nichts Unangenehmes passiert. Es fällt dir leicht, anderen gute Ratschläge zu erteilen und ihnen in Krisen Mut zuzusprechen. Aber:

Sobald eine unerwartete Krise dich selbst trifft,
ist oft dein ganzer Mut mit einem Schlag weg.
Unversehens fühlst du dich hilflos und schwach.
Befasse dich innerlich mit dieser menschlichen
Schwäche. Sie ist der Schlüssel zu deiner
seelischen Heilung. Sie ist der Wegweiser.

Wenn dir etwas Schlimmes oder Trauriges passiert, dann schlage es dir so gut du eben kannst aus dem Sinn. Verliere nicht all deinen Mut! Überlasse dich nicht der Schwermut! Ertrage es zumindest mit Geduld, wenn du es schon nicht gleichgültig oder sogar mit Wohlgefallen ertragen kannst. Übe dich in Disziplin und geistiger Einkehr. Strenge dich an! Lass kein Wort der Klage, des Jammerns oder des Schimpfens aus deinem Mund kommen. Deine Unruhe wird sich bald legen wie ein Sturm. Dein Schmerz und die Bitterkeit deines Herzens werden sich auflösen.

Sei stark und mutig. Versuche, dich im Leben immer auf noch größere Probleme und Probleme vorzubereiten. Sei auf alles gefasst! Es ist nie alles verloren, auch wenn du sehr viel Trauer spürst.
Du bist ein Mensch und kein Gott!
Du bist Fleisch und kein Engel.

Ich tröste die Trauernden und richte sie wieder auf. Jene, die ihre menschlichen Schwächen erkennen, ziehe ich empor.«

Die Grenzen des Verstandes

Der Schöpfer: »Hüte dich, über meine verborgenen Urteile zu hadern! Frage nicht, warum der eine Mensch von mir verlassen scheint, während der andere großzügig beschenkt ist. Oder warum einer so viel Leid ertragen muss, während der andere ein süßes Leben voll Ruhm, Ehre und Reichtum erlebt. All das übersteigt deinen menschlichen Verstand. Kein Mensch kann das mit seiner Vernunft und Einsicht ergründen. Wenn du zweifelst, dann besinne dich auf meine Gerechtigkeit. Glaube an sie.«

Mit ganzem Herzen vertrauen

Der Mensch: »Auf was kann ich in diesem Leben wirklich vertrauen? Es gibt so viele Menschen, Tiere und Dinge unter der Sonne, aber worauf kann ich zählen? Bist das nicht du? Wie kann es mir schlecht gehen, wenn doch du immer bei mir bist?

Ich will lieber mit dir an meiner Seite arm sein als ohne dich reich. Ich will lieber mit dir an meiner Seite hier auf der Erde wandern, als ohne dich im Paradies zu sein. Wo du bist, da ist das Paradies. Wo du nicht bist, da ist nur Trostlosigkeit und Trauer.

Ich sehne mich danach, deine Anwesenheit zu spüren und deine Worte zu verinnerlichen. Deshalb will ich nicht aufhören, an dich zu denken, deine Worte zu lesen und mich in der Meditation, im Gebet und in der geistigen Einkehr an dich zu wenden. Ich kann in meinen Lebenskrisen auf niemand eher vertrauen als auf dich. Du bist meine Hoffnung. Du bist meine innere Zuversicht. Du tröstest mich in allen Anliegen.

Menschen suchen oft nur ihren eigenen Nutzen, aber du schaust allein auf mein Wohlergehen. Du unterstützt mein Weiterkommen auf meiner spirituellen Reise und machst aus mir einen weiseren Menschen. Du hilfst mir, diszipliniert und langmütig zu bleiben. Du wendest für mich alles zum Guten. Darauf vertraue ich mit ganzem Herzen.

In meinem Leben begegnen mir immer wieder unangenehme Versuchungen und Probleme. Aber Widerstände lassen mich wachsen und reifen, das verstehe ich jetzt. Aus jeder Prüfung, aus jeder Krise gehe ich gestärkt und aufrecht hervor. Wenn es mir schlecht geht, will ich dich nicht weniger lieben als in meinen guten Tagen. Ganz im Gegenteil.

Auf dich setze ich deshalb meine ganze Hoffnung. Dir vertraue ich mich mit all meinen Sorgen und Ängsten an. Durch dich verstehe ich, dass alles auf Erden unbedeutend und vergänglich ist. Denn die größte Anzahl von Freunden wird unnütz sein. Selbst starke Helfer werden nicht helfen, kluge Ratgeber werden keinen nützlichen Rat erteilen können. In klugen Büchern werde ich keinen Trost finden. Keine materiellen Reichtümer werden mich befreien. Kein Ort der Welt kann mir Schutz und Sicherheit verschaffen, wenn nicht du mir beistehst.

Ich beruhige meinen Geist. Ich blicke nach innen und fühle deine Stärke, deinen Trost, deine Weisheit und deinen Schutz. Ich spüre sie jetzt in mir selbst.«

Thomas von Kempen zeigt ein neues Lebenskonzept, das dem in unserer Zeit etablierten klar widerspricht. Er zeigt den Menschen als Bürger zweier Welten. Das Diesseits und den Kosmos, den er mit christlicher Tradition erfüllt, der sich aber genauso mit allen anderen religiösen Traditionen und spirituellen Konzepten, in deren Mittelpunkt eine Himmelsleiter, also die Möglichkeit des Aufstiegs des Menschen in eine höhere Dimension, steht.
Der Mensch besitzt sozusagen eine Doppelstaatsbürgerschaft und in dem einen Staat übt er sich für den anderen. Das gibt ihm Sicherheit. Wirklich erschüttern kann ihn, wenn ihm das wirklich bewusst geworden ist, nichts mehr. Der stille wahre Fokus

seines Lebens besteht darin, sich selbst zu überwinden mit den vielen Übungen, die Thomas von Kempen auf seine Weise formuliert hat, und ganz wie in Raffaels Transfiguration zu einem Wesen jenes Lichtes zu werden, das er während seiner Suche nur ahnt oder, wie es der große Mystiker formulierte, »im Spiegel sieht«.

DRITTER TEIL

DIE PROFANE LEITER UND DIE KIRCHE ALS SÜNDENBOCK

Wie können wir die Gesellschaft verbessern? Mit Revolutionen und indem wir den Staat umbauen? Oder indem wir den inneren Menschen zu formen und zu verbessern versuchen? Würde sich dafür die Symbolik einer Himmelsleiter eignen?

Das waren die großen Fragen, die sich die Menschen des 17. Jahrhunderts stellten. Die Antwort darauf gab leider der Dreißigjährige Krieg mit dem Schwert, dem Säbel und dem Dolch. Es war ein Krieg um Macht und Religion, der Mitteleuropa ins Chaos stürzte. Plündern, brandschatzen, vergewaltigen, toben und morden. Flächendeckende Raserei und Blutrausch. Die Zahl der Toten schwankt nach heutigen Schätzungen zwischen drei und neun Millionen bei einer Gesamtbevölkerung von 20 Millionen Menschen. Die Zahl der Opfer war im Verhältnis damit höher als die des Zweiten Weltkrieges. Was blieb, waren Ruinen und Rauch.

Spanien verlor seine Macht, Frankreich und Schweden gingen als Sieger hervor. Am 24. Oktober 1684 unterzeichneten die Kriegsparteien in Münster den Vertrag, der den Westfälischen Frieden sicherte. Es war eine diplomatische Meisterleistung, ein Kompendium der Kompromisse.

Das Grauen hatte Deutschland geprägt und eine neue Strömung hervorgebracht: den Pietismus, eine ambitionierte Reformbewegung, die den Menschen und seinen Glauben in den Mittelpunkt rückte, nicht die von außen auferlegte Religion. Genau jene individuelle Spiritualität, die zuvor Thomas von Kempen in seiner *Nachfolge Christi* in Worte gefasst hatte. Der Pietismus nahm das weltberühmte, aber doch schon etwas verstaubte Buch aus dem Regal und putzte es auf zu einer Art geistigem Pokal, zu seinem ideologischen Flaggschiff.

Pietistische Ratschläge proklamierten die innere Verwandlung. Das Innerliche mit dem Schöpfer zu vereinen. Das wäre ein hervorragender Weg, um die Gesellschaft zu verändern. Ein Gedanke, der heute wie schon angedeutet wieder auftaucht, interessanterweise im Bereich der Ökologie, in der nun erste Denker wieder sagen: Wenn wir unsere Verbrechen an diesem Planeten wirklich beenden und zu einer neuen Harmonie zwischen dem Menschen, seiner Zivilisation und der Natur gelangen wollen, geht das nur über einen inneren menschlichen Wandel, alles andere folgt dann von selbst. Beschrieben zum Beispiel in dem Buch *Eine neue Wirtschaft* der drei österreichischen »Öko-Gurus« Josef Zotter, Johannes Gutmann und Robert Rogner.

Damals, Ende des 17. Jahrhunderts, gab es zwei grundlegende Arten, den Neustart anzugehen. Die Franzosen waren der Meinung, sie könnten eine bessere Gesellschaft bilden, indem sie im Zuge der Französischen Revolution innerhalb eines einzigen Jahres 10.000 ihrer Meinung nach schlechte Menschen guillotinierten. In deutschen Ländern wiederum setzte sich der Idealismus durch. Er wollte die Blicke auf das Universum richten, zu den Sternen und darüber hinaus. Ein humanes Europa mit einer Himmelsleiter in seiner spirituellen Mitte sozusagen. Blicke nach oben, aber gehe dafür in dein Inneres und beachte die Sittengesetze. Das ist die Grundaussage des deutschen Idealismus und seinem Begehr, Menschen zu veredeln.

Der Gedanke war bestechend schön. Ideal, wie der Name schon sagt. Aufgeklärte Weltbürger, die an sich arbeiten, jeden Tag, die sich selbst innerlich verschönern, zu »Heiligen im Gehrock« werden, wie es der Philosoph Immanuel Kant formulierte.

Die Idee war ein zivilisierter, aufgeklärter und innerlich friedfertiger Mensch, der die christliche Heiligkeit in moderner Weise, mit Vernunft und im Einklang mit dem Völkerrecht weiterführt. Das klang ganz anders als die jakobinischen Freiheit-Gleichheit-Brüderlichkeit-Rufe aus dem in Dauerschleife enthauptenden Frankreich. Zwei Glaubenssätze standen einander also gegenüber. Humanismus und Gewalt. Evolution und Revolution. Innere und äußere Veränderung.

Der Pietismus und der Idealismus überließen es dem Menschen selbst, die Himmelsleiter zu erklimmen und anderen damit ein Vorbild zu sein.

Diese Denkart zog sich mehr oder weniger stark verbreitet durch die Jahrhunderte. Dem Pietismus gehörten auch zahlreiche Spitzenpolitiker an, wie Gustav Heinemann, der dritte deutsche Bundespräsident, der von 1899 bis 1976 lebte. Er war geprägt durch einen Pfarrer namens

Friedrich Graeber. Oder Johannes Rau, der von 1999 bis 2004 ebenfalls deutscher Bundespräsident war. Er wirkte nebenamtlich als pietistischer Prediger, was kaum bekannt war.

Auch Friedrich Engels zählte zu den Anhängern des Pietismus. Der deutsche Philosoph und spätere kommunistische Revolutionär kam aus einer streng pietistischen Familie. Mit sechzehn, eine Weile bevor er quasi zum Missionar des Kommunismus wurde, verfasste er dieses Gedicht:

Herr Jesu Christe, Gottes Sohn,
O steig herab von deinem Thron
und rette meine Seele!
O kommt mit deiner Seligkeit,
Du Glanz der Vaterherrlichkeit,
Gib, dass ich Dich nur wähle.

Zwei Jahre später schämte er sich seiner kindlichen Frömmigkeit. Er sah die soziale Ungerechtigkeit aufkeimen.

Das Familienunternehmen seines Vaters Caspar Engels war in Wuppertal angesiedelt. Zweihundert Färbereien, Webereien und Spinnereien. Industrie in Reinkultur mit Produktionsstätten, bestehend aus Kochhäusern, Schmiedeplätzen, Bleiwiesen und Kalkgruben. Gleich daneben die triste Arbeitersiedlung, geprägt vom Mief der Ausbeutung. Traurige Gesichter und Menschen, die frühmorgens in den Betrieb schlurften, um zu später Stunde noch müder wieder heimzugehen.

Mit der Frühindustrialisierung begann auch in der Geistesgeschichte etwas Maßgebliches. Die vom Pietismus hochgehaltene Veränderung des inneren Menschen verlor nun als Kontext der Gesellschaft ihre Dominanz. Die Menschen waren ärmer geworden und eine neue große Frage ließ die Philosophie, die unter Denkern eben noch so etwas wie Mainstream gewesen war, erodieren: Warum tut die fromme Seele nichts gegen die soziale Ungerechtigkeit?

Fälschlicherweise warf man dem Christentum und speziell dem Pietismus vor, nur das Innere erkunden zu wollen und das Äußere zu vernachlässigen. Dieser Vorwurf ignorierte die Dreidimensionalität dieses Weltzuganges, bei dem in Wirklichkeit die Verbesserung des Menschen eng mit der Verbesserung der Welt verknüpft war und ist. Die Geschichte zeigt ja klar, wer Spitäler, Schulen und Armenhäuser errichtet hat. Der Kirchenlehrer Basilius etwa hatte schon im 4. Jahrhundert Krankenhäuser gebaut und sich bemüht, die Arbeitslosigkeit von Afrika bis Kleinasien zu bekämpfen, damals schon die Herrschaft der Selbstliebe überwinden wollend. Dennoch hielt sich das Argument des ausschließlich nach innen ausgerichteten christlichen und pietistischen Denkens erstaunlicherweise bis heute.

Die Folge war ein Pietismus, der weiterhin die Verbesserung der Welt durch die Verbesserung der Menschen anstrebte, der aber zu schwach war, um in der zunehmend dominierenden industriellen Revolution noch eine Rolle zu spielen. In Zeiten der sozialen Kälte und des

Hungers glomm die Flamme der inneren Frömmigkeit, die auch äußere Taten vollbringen kann, zu schwach. Die frühindustrielle Geldgier überrollte alles.

Friedrich Engels und seinen ebenfalls aus einer frommen, allerdings jüdischen Familie stammenden Freund Karl Marx grämte die neue Kluft zwischen Arm und Reich. Sie wollten den Menschen helfen, ihre Not zu reduzieren. Die Religion erschien ihnen dabei als ineffizient. Sie hetzten aber zunächst nicht wie später der aggressive Sozialismus gegen die Religion. So ist auch dieses oft missinterpretierte berühmte Zitat von Marx zu verstehen: »Die Religion ist der Seufzer der bedrängten Kreatur, das Gemüt einer herzlosen Welt, wie sie der Geist geistloser Zustände ist, sie ist das Opium des Volkes.«

Er sprach, und das ist ein wichtiger Unterschied, vom Opium *des* Volkes, und nicht, wie später oft zitiert, vom Opium *für das* Volk. Das machte Lenin später daraus. Marx wollte damit einfach nur eine herzlose Welt beschreiben. Menschen beruhigen sich mit der Religion gewissermaßen selbst, statt die Gesellschaft zu verändern. Die Frömmigkeit des Herzens, meinte er, war zu wenig. Lenin dagegen sah die Religion dann als politisch bewusst eingesetztes Werkzeug, um die Massen ruhigzustellen.

Opium zu rauchen, das ist ein interessanter Hintergrund dieses Zitates, war zur Zeit von Karl Marx ein großes Thema. Um China zu schwächen und Zugang zu neuen Märkten zu bekommen, schmuggelten die Briten tonnenweise Opium ins Land und versuchten, möglichst viele Menschen davon abhängig zu machen.

In dem demütigenden Vertrag von Nanking vom 29. August 1842 mussten sich die chinesischen Häfen den englischen Schiffen öffnen. Mit dem Ergebnis, dass rund zehn Prozent aller 400 Millionen Chinesen der Opiumsucht verfielen. Sie lagen auf Matratzen in schäbigen Zimmern, rauchten und schlossen die Augen, um sich aus ihrem Elend hinaus zu träumen. Die Briten hatten das echte Opium tatsächlich politisch eingesetzt. Es war deshalb ein Synonym für wirtschaftliche Interessen, Gewalt, Raffgier, Macht und Politik.

Die Himmelsleiter kam bei all dem jedenfalls gründlich außer Mode. Der Weg nach oben verschwand im Nebel einer neuen Zeit. Sigmund Freuds Psychoanalytik zog den Blick nach unten, als wäre die Seele nur tief im Menschen selbst verwurzelt, fast wie eine organische Funktion. Freud und vor ihm Ludwig Feuerbach hielten Gott und jede andere Art von Transzendenz für eine Erfindung, für ein Gedankenspiel, dazu da, sich zumindest in der Phantasie ein besseres Dasein zu zimmern, weil sich das reale doch nicht verändern ließ.

Der Philosoph Peter Sloterdijk zeigt sich da weitsichtiger. Er widmete der Himmelsleiter, die auch er Jakobsleiter nennt, ein Kapitel in seinem Buch *Du mußt dein Leben ändern*. Der Philosoph sieht in ihr eine elementare Bedeutung für die Geistesgeschichte Alteuropas. Er spricht von einer »Verschiebung des Athletismus« und meint damit eine Verlagerung der menschlichen Anstrengung zur Selbstverbesserung von der antiken Arena in die Klöster. Die *Athleten Christi* rannten und kämpften nicht mehr in den Amphitheatern, sie erklommen vielmehr hinter den Klostermauern die Leiter. Mit der Kraft des Geistes.

Der Apostel Paulus sah das schon rund 2.000 Jahre davor ganz ähnlich. Er schrieb im Brief an die Korinther: »Alles aber tue ich um des Evangeliums willen, auf dass ich an ihm teilhabe. Wisst ihr nicht: Die im Stadion laufen, die laufen alle, aber nur einer empfängt den Siegespreis? Lauft so, dass ihr ihn erlangt. Jeder aber, der kämpft, enthält sich aller Dinge; jene nun, damit sie einen vergänglichen Kranz empfangen, wir aber einen unvergänglichen.« Ein Athlet sein. Tüchtig sein. Kraftentfaltung. Vom lauten Amphitheater zurück zur Stille der Abtei.

Ludwig Wittgenstein, einer der bedeutendsten Philosophen des 20. Jahrhunderts, war Gärtner im Kloster der Barmherzigen Brüder in Wien-Hütteldorf. Er schnitt die Blumen, stutzte die Sträucher und sagte nebenbei: »Der christliche Denker ist wie ein Seiltänzer. Er geht, dem Anschein nach, nur mehr in der Luft.«

Heute geht diese himmlische Vertikalität auf Kosten der profanen Horizontalität verloren. Der Weg soll lieber gerade sein, von hier ein Stück nach vorne und alles gemütlich, aber bitte nicht nach oben, das wäre zu anstrengend. Warum eine Leiter erklimmen, wenn es am Boden so bequem ist? Die Himmelsleiter wird zu einem Symbol der Mühsal und nutzlosen Askese, der sich jeder Mensch ganz leicht entziehen kann: indem er sie meidet, bis er sie vergessen hat. Doch was passierte als Nächstes? Die Politik bemächtigte sich ihrer.

Der Staat übernimmt die Himmelsleiter

Der deutsche Philosoph Jürgen Habermas sagte: »Die religiöse Vielfalt ist ein Gradmesser für die individuellen Rechte.« Je vielfältiger Religion ist, umso mehr dürfen die Bürger. Siehe Saudi Arabien. Dort fehlt es in der Religion an Vielfalt und die Menschen haben weniger Rechte.

Bei uns leeren sich die Kirchen, während sich die Staaten der Himmelsleiter bemächtigen. Sie interpretieren sie um und nehmen sie in Besitz. Es gibt eine neue Art Heilslehre, könnten wir sagen, die das Vokabular, ja selbst liturgische Riten der Religion entlehnt und daraus eine säkulare Leiter baut. Auch dabei leiden die Rechte.

Sichtbar wird diese Entwicklung zum Beispiel, wenn sich Politiker für profane Zwecke der religiösen Symbolik bedienen. Etwa wenn der deutsche Finanzminister Christian Lindner, der genau wie seine neue Frau aus der Kirche ausgetreten ist, heiratet. Sie taten es auf der Urlaubsinsel Sylt in einer wunderschönen Kirche. Wer hielt die Predigt? Peter Sloterdijk, ein Philosoph statt einem Priester.

Die Symbolik war intellektuell. Das Paar wollte das Ambiente, die Kanzel, die Predigt, das Besondere einer Kirche und nutzte all das für seine Zwecke. Das war, wie ein Gotteshaus zu buchen und eine Party auszurichten unter dem Motto: Das Erste Gebot 2.0 – glaubt besser an die Politik als an den Schöpfer. Die Himmelsleiter gehört jetzt uns. Wir sagen, was gut ist und was böse. Wir sind die wahren Heilsbringer. Wobei der deutsche Finanzminister nach der säkularen Feier weltanschaulich nachdenklich geworden sein soll.

Ein anderes Beispiel: Deutschlands Bundespräsident Frank-Walter Steinmeier initiierte nach der Corona-Epidemie eine Trauerfeier und sagte allen Ernstes: »Jedes Haus soll eine Kerze nehmen, sie anzünden und ins Fenster stellen.« Das erinnerte fast schon an den Advent. Die Pastoralmacht des Staates trat im öffentlichen Raum in Erscheinung. Da fehlte nur noch ein Gebet an den Bundestag oder an unser Parlament.

Kirchliche Rituale sind jedenfalls auch ohne kirchliches Gedankengut im geistigen Canon salonfähig geblieben. Boris Johnson, vormaliger britischer Premierminister, bezeichnete Wälder als »große heilige Kathedrale der Natur«.

Ähnlich verhält es sich beim Wort »Klimasünder«. Man versündigt sich am Klima. Bei der UN-Klimakonferenz in Glasgow 2021 kam es zu Verhandlungen über die Kompensation der Emissionen, wobei die Teilnehmer von einem »Ablasshandel« sprachen.

Die Tessiner beerdigten einen schmelzenden Gletscher. Die *Klima-Allianz Schweiz*, ein Bündnis zivilgesellschaftlicher Organisationen, veranstaltete eine Prozession zum Ort der Zeremonie, mit Festreden und Chorgesängen, inklusive Segnung des Gletschers.

Was natürlich absurd ist. Hier kommen parareligiöse Praktiken zum Einsatz. Sie sind ihrer den Menschen zu ihrem inneren Wachstum bestimmten Symbolik beraubt und sollen auf irdische Ziele aufmerksam machen. Die Wertegesellschaft löst die verblasste Autorität der Glaubenskirche ab und etabliert eine Ersatzreligion. Die Himmelsleiter liegt am Boden.

Der Staat übernimmt dabei auch gleich die Rollen eines Tugendwächters und der Familie. Die Proponenten einer neuen Tugendreligion, meist linke Moralapostel, kümmern sich um die weltanschauliche Prägung der Kinder. Kindergärten werden zu politischen Räumen. Schon Vierjährige sollen vorgegebene Haltungen einnehmen. So etwa empfiehlt das deutsche Familieninnenministerium das Regenbogenportal.

Ein Lesebuch, das Vierjährigen Individualität und Diversität erklären soll, anhand einer männlichen Meerjungfrau. Das ist auch der Vorschlag der Experten der EU, die ein neues Sexualerziehungsgesetz ausarbeiten. Wortwörtlich steht in dem Antrag aus Deutschland, es solle in Kindergärten auch eine Onanier-Ecke eingerichtet werden. Für Vierjährige.

Neben der frühkindlichen Aufforderung zum Masturbieren mögen die Jüngsten spielerisch den »Kampf gegen Rechtsextremismus« lernen, heißt es da auch. Schon der Begriff »Heimat« wäre problematisch und dem rechten Lager zuzuordnen. Das deutsche Heimatministerium hält das Wort, das ihr Ministerium klassifiziert, für einen negativen Begriff, der staatlicherseits umgedeutet werden müsse. Das Wort »Heimat« soll aus dem Sprachgebrauch möglichst verschwinden, weil es sich nationalsozialistisch deuten lässt.

Dabei ist die Heimat für jeden Menschen etwas Prägendes. Vor Jahren gab es für diese Erkenntnis noch den Medizin-Nobelpreis. Für die Entdeckung sogenannter *place cells* im Gehirn, die in den Prägejahren geformt werden, was neurologisch erklärt, warum wir zum Ort unseres Heranwachsens ganz natürlich eine besondere Beziehung entwickeln. Dass sich das Zuhause im Lauf der Jahre ändern kann, steht jedem frei.

Der Staat stellt weiter neue Regeln auf. Der *Queer*-Beauftragte der deutschen Bundesregierung, Sven Lehmann, behauptete: »Die geschlechtliche Identität kann prinzipiell nicht von außen begutachtet werden, auch nicht von Ärzten: Man muss das Geschlecht an sich selbst bestimmen.«

Das bedeutet für die Geistesentwicklung nichts Gutes. Der Staat überhöht sich selbst und stellt sich nicht nur über die Religion, sondern auch über die Natur und die Medizin. Er bevormundet alles, selbst die Sprache.

Ein neuer Glaubenskrieg tut sich auf. Die Bürger wehren sich gegen allerhand Vorschreibungen, was sie zu sagen, zu denken, zu glauben haben. Es geht nicht mehr um links gegen rechts, sondern um oben gegen unten.

Es ist aber nicht nur der Staat, auch kleine gesellschaftliche Gruppen üben digitalen Druck aus, der an Terror grenzt und an Härte die Dogmenstreitereien des Mittelalters übertrifft. Der Sprachexperte und Bestsellerautor Wolf Schneider etwa lehnte sich in der deutschen *Bild*-Zeitung gegen die Verzerrung der deutschen Sprache auf. »Gendern ist für Wichtigtuer«, sagte er und zog sich sofort tausende Feinde zu. »Zwischen dem natürlichen und dem grammatischen Geschlecht besteht nicht der geringste Zusammenhang. *Der* Löwe, *die* Schlange, *das* Pferd. Obwohl sie alle dieselben zwei Geschlechter haben. Die Liebe ist weiblich, dabei soll es bleiben.«

Sprache unterliegt einem Wandel, keine Frage, aber der soll natürlich vonstatten gehen, und nicht nach den Vorstellungen einiger Randgruppen, die mit religiöser Inbrunst die Mehrheit vor sich hertreiben wie Schafe auf einer Weide.

Die säkulare Heilslehre ersetzt die spirituelle Grundidee der inneren Weiterbildung durch bevormundende Gesellschaftspolitik. Früher war es die Beichte, die inneren Frieden und Erlösung brachte. Heute glaubt beide zu finden, wer sich an alle Regeln hält und auf Verstöße verzichtet, die ihn an den digitalen Pranger bringen würden. Social-Media-Kanäle sind die neuen Kanzeln, von denen herab die sogenannten Influencer predigen, was die neuen Götter wollen: Folgsamkeit und bedingungslo se Zustimmung.

Die postreligiöse Gesellschaft ist geboren. Die Weltanschauung bildet sich nicht mehr von innen aus, sie wird dem Volk vorgegeben. Die Himmelsleiter wird zum Zierrat.

Die Vertreibung der Kirche

Der Staats- und Verwaltungsrechtler sowie Rechtsphilosoph Ernst-Wolfgang Böckenförde formulierte 1964 in einem Aufsatz mit dem Titel *Die Entstehung des Staates als Vorgang der Säkularisation* das sogenannte Böckenförde-Diktum. Dessen zentraler Satz lautet: »Der freiheitliche, säkularisierte Staat lebt von Voraussetzungen, die er selbst nicht garantieren kann.« Dieser Umstand macht Weltanschauungen der Bürger eines Staates notwendig, individuelle persönliche Sichtweisen. Genau diese Sichtweisen scheinen moderne Staaten reduzieren, ja eliminieren und durch staatliche Erziehung ersetzen zu wollen. Nicht mehr Glaubensgemeinschaften zeigen die Himmelsleiter und versuchen auf ihre symbolische Weise, das an und für sich Unverwaltbare zu verwalten, sondern staatliche Programme zeigen apodiktisch, wo es entlanggeht. Mehr noch: Sie eliminieren die Kirchen als Träger der Spiritualität als unerwünschte Konkurrenten um die geistige Hoheit in der Welt, und das mit perfiden Strategien.

Würden wir einen bestimmten Verein zerstören wollen und eine künstliche Intelligenz befragen, wie wir dabei am besten vorgehen könnten, würde sie wahrscheinlich dieses Ergebnis liefern: Nimm ein Fehlverhalten, dessen sich dieser Verein schuldig gemacht hat, egal, ob es auch im Rest der Bevölkerung weit verbreitet ist oder nicht, und wiederhole es im Zusammenhang mit diesem Verein immer und immer wieder, bis du es selbst nicht mehr hören kannst. Dann beginnt es zu wirken und der Zerfall des Vereins ist nicht mehr aufzuhalten.

Im Falle der Kirche ist dieses auch im Rest der Bevölkerung tragischerweise weit verbreitete Fehlverhalten die Pädophilie einzelner Akteure. Wird ein Geistlicher beschuldigt, ein Kind sexuell belästigt zu haben, ist die Kirche daran schuld. Gibt es in einem öffentlichen Kindergarten etwa der Stadt Wien einen ähnlichen Vorfall, wird daraus verglichen mit entsprechenden Berichten über kirchliche Institutionen eine Kurzmeldung. Die Kirche wird so allmählich nahezu gleichgesetzt mit einem Pädophilenring.

Die moralischen und ethischen Ansprüche der Kirche sind im Vergleich zu jenen einer Stadt oder eines Staates fraglos höher, weshalb Verstöße dagegen durch eigene Akteure umso schwerer wiegen. Dennoch schaffen derartige Vorgänge in der öffentlichen Diskussion ein von ihren Akteuren bewusst verzerrtes Bild, zumal dann, wenn sie die Vergangenheit neu sortieren.

Wir erdreisten uns heute, die Vergangenheit als eine Ansammlung von Begebenheiten anzusehen, die ein Haufen Wilder und Unwissender gestaltet hat. Die Leute waren damals nicht *woke* genug, um unseren modernen Geist abzubilden, finden wir. So ganz richtig ist das allerdings nicht, denn es gibt keine zeitlose Moral.

Vielmehr hat jeder Zeitgeist einen biologischen Kern und der ändert sich, wenn neue Aktionspotenziale im Gehirn aktiv werden und sich mit Bewusstseinsinhalten verbinden. Erst das schafft eine neue Erlebniswelt, die wir dann in gut und schlecht einordnen. Auch das ändert sich, bisweilen von Jahrzehnt zu Jahrzehnt, und hat, stark verkürzt gesagt, physiologische Grundlagen, bei denen Faktoren der Außenwelt eine Rolle spielen. Anders ausgedrückt: Verhaltensweisen von früher nach modernen Maßstäben ethisch zu bewerten, ist schon aus biologischen und neurologischen Gründen Unfug.

Abgeordnete im deutschen Bundestag versuchten, Sex mit Minderjährigen schon in den Siebzigerjahren zu legalisieren. Der grüne Politiker Volker Beck forderte in einem Buchbeitrag 1988 die »Entkriminalisierung der Pädosexualität«. Jürgen Trittin trat 1981 ebenfalls als Politiker und ganz offiziell für »die Straffreiheit bei gewaltfreien sexuellen Handlungen zwischen Kindern und Erwachsenen« ein.

Heute ist derlei zum Glück undenkbar, dafür wollen deutsche Parteien jetzt Heroin, Kokain und Ecstasy freigeben, mit der Begründung, jeder Mensch solle ein Recht auf seinen persönlichen Rausch haben. Als wäre eine sechzehnjährige Heroinsüchtige selbstbestimmt.

Das Fazit hier lautet: Pädophilie ist nicht nur eine kirchliche Schande. Ja, es gibt Priester, die ins Gefängnis gehören, aber noch mehr Väter und Onkel, die ihre Töchter, Söhne, Nichten und Neffen missbrauchen. Das Problem beginnt nicht vor der Monstranz und endet nicht in der Sakristei oder im Beichtstuhl, es war und ist allgegenwärtig. Es hat nicht mit niedriger Bildung und sozialer Schwäche zu tun. Im Gegenteil, es zieht sich hinauf bis in die höchsten politischen Kreise.

Pädophilie ist keine Krankheit der Kirche, sondern eine der Gesellschaft. Die Kirche damit zu punzieren ist nicht nur ein Anschlag auf sie als Institution, sondern auch ein Irrweg, bei dem der so dringend nötige Schutz der Kinder zu kurz kommt. Denn es lenkt von der tiefen Verankerung dieses Problems in der Allgemeingesellschaft und dem dringend nötigen Vorgehen dagegen ebendort ab.

Der Theologe Paul Zulehner brachte das so auf den Punkt: »Das zweifellos wiedergutzumachende Fehlverhalten von Kirchen wird exklusiv auf sie fokussiert, wahrscheinlich um sie mundtot zu machen und damit auch ihre Himmelsleiter zu demontieren.«

Die Missverständnisse bei den Hexenverbrennungen

Die Hexenverbrennung ist ein weiteres der großen Themen, mit denen die Protagonisten einer zweidimensionalen Welt ohne Schöpfer die Kirche und damit ihre Himmelsleiter diffamieren. Denn ein genauer Blick in die Geschichte zeigt, dass sich die Dinge anders entwickelten, als sie heute Teil der Allgemeinbildung sind. Es herrscht der Irrglaube, Kirchenvertreter hätten höchstpersönlich Scheiterhaufen angezündet, um rothaarige Teufelinnen dem Feuer zu übergeben. Das stimmt so nicht.

Der Historiker Volker Reinhardt, ein Experte für die Renaissance und die Geschichte des Papsttums, wies wiederholt darauf hin. Es gab, zeigte er, in allen Phasen der Geschichte und so auch in der beginnenden Neuzeit, am Ende der Renaissance, ein dominantes gesellschaftliches Thema, die Sicherung der Ernte und die Erhaltung der Fruchtbarkeit von Tier und Mensch. Beides sollte geschützt sein, denn es war existenziell. Warum, das ist klar: Die aus der Ernte gewonnene Nahrung, das Getreide, das Gemüse, das Fleisch, der Wein, waren lebenswichtig, und die Familien bildeten das Sozialsystem. Aus der Bevölkerung, und wohlgemerkt nicht aus der Kirche, kamen damals die sogenannten *Benandanti*, was übersetzt soviel bedeutet wie »die gut Gehenden«. Ihre Aufgabe war es, verdächtige Bürger zu finden, die dunkle Kräfte beschworen, um die Früchte der Schöpfung zu zerstören.

Im 17. Jahrhundert waren die Benandanti so etwas wie heute Klima- oder Covidbeauftragte, die durch die Straßen zogen und sinistre Elemente aufspürten. Es genügte schon, wenn in einem Dorf jemand den Finger ausstreckte und sagte: *Die da! Sie hat einen Pakt mit dem Teufel geschlossen!* Schon war die Person fällig. Das Denunziantentum blühte.

Genau das führte zu den Hexenprozessen. Die öffentlichen Verbrennungen waren nicht etwas, das die Kirche ersonnen hatte. Vielmehr kam es aus der Bevölkerung. Sie errichtete selbst die Scheiterhaufen. Sie selbst band Frauen wie Männer an Holzpfähle und warf die Fackel, bis ihre Opfer einen schrecklichen Tod in den Flammen starben. Die Kollektive der Dörfer beschuldigten und exekutierten Verdächtige. Die kirchliche Inquisition griff oft ein, um Verurteilungen zu verhindern. Papst Innozenz X. etwa sprach sich in dem bekannten und historisch gut belegten Fall der sogenannten Graubündner Kinderhexen für die Frauen aus und machte die Todesurteile rückgängig. Beeindruckend und unbekannt ist auch: In Rom und im Kirchenstaat gab es kein einziges Todesurteil wegen Hexerei.

Der Hexenwahn war also genau wie die Pädophilie kein kirchliches, sondern ein gesellschaftliches Problem, das die Geschichtsschreibung an der Kirche festmachte. Die Beschuldigungen kamen in Wahrheit immer aus dem jeweiligen Dorf und der Mob war gnadenlos, ähnlich wie heute, im Zeitalter der digitalen Inquisition mit ihren hexenprozessähnlichen Vorverurteilungen.

Ein Beispiel für Letzteres? Die britische Philosophin Kathleen Stock erklärte in einem Vortrag, man solle das biologische Geschlecht ohne medizinischen Befund nicht aufgeben. Das allein genügte, um sie als transphob und wörtlich auch als Hexe abzukanzeln und die Geschütze auf sie zu richten.

Wer einmal als transphob stigmatisiert ist, muss mit Dauerattacken und immensen Reputationsschäden rechnen. Das war auch der Grund, warum ihre Heimatuniversität in Berlin Kathleen Stock auslud. Nur weil sie gewagt hatte, zu sagen, dass es ein Problem ist, wenn Ärzte vierzehnjährige Mädchen mit männlichen Hormonen behandeln und ihnen die Brüste amputieren, weil sie sich gerade einbilden, ihr Geschlecht ändern zu müssen. Die Hater jubelten online, als Kathleen Stock klein beigeben musste: »Die Hexe ist tot!«

Die Mechanismen des Anprangerns sind heute die gleichen wie im 17. Jahrhundert. Wer anders denkt, als es das (digitale) Dorf vorgibt, steht gefährlich nah am Feuer. Ein falsches Wort zu viel und der Mob stößt ihn in die Flammen.

Auf der Strecke bleibt die spirituelle Idee von der Himmelsleiter, dieses fundamentale Grundkonzept allen Menschseins und dessen eigentlicher Sinn. Denn die Kirche war es, die diese Botschaft über die Jahrhunderte weitertrug, vielleicht nicht perfekt, vielleicht nicht mit der Brillanz und inspirierenden Magie Thomas von Kempens, aber doch beharrlich und mit einer Symbolik, die sich von geschickten Kommunikatoren in jeder Epoche auffrischen ließ. Wenn eine Gesellschaft diese Stimme diffamiert und zum Verstummen bringt, verstaubt die Himmelsleiter in den Archiven. Womit dem Leben genau der tiefere Sinn fehlt, nach dem so viele Menschen gerade jetzt suchen.

Die Kirche und die Sexualität

Vielleicht liegt dahinter wirklich ein System: Um die Himmelsleiter zu kippen, müssen ihre Pächter schlecht dastehen. Das Christentum und seine wankelmütige sexuelle Doppelmoral sind dabei auch so ein auf falschen Betrachtungen basierendes Argument. Über frühere Jahrhunderte heißt es, sogar die Päpste und die Geistlichen hätten eine offene Sexualität gepflegt, sie wären durchtrieben und, wörtlich, »Hurensöhne« gewesen. Bei solchen Betrachtungen gehen oft die Emotionen durch und verdunkeln den Blick auf die wirkliche Geschichte.

Im Umgang mit der Geschlechtlichkeit gab es, wie auch bei den Hexenverbrennungen, in Europa ein Nord-Süd-Gefälle. Vorwiegend die Deutschen verbrannten vermeintliche Hexen, in Spanien gab es wie in Italien weniger derartige Prozesse. Mit dem Zugang zur Nacktheit und Sexualität gab es ebenfalls ein solches Gefälle, bloß verlief es in die andere Richtung.

Nacktheit war in südlichen Gefilden in der Renaissance zunächst Teil von so etwas wie einer Willkommenskultur. Nacktheit galt als normal. Die Sixtinische Kapelle zeigt das. Michelangelo stellte den ersten Mann in seinem Gemälde *Die Erschaffung Adams* nackt dar. Der Mensch kommt schließlich nicht angezogen zur Welt.

Der Süden hatte überhaupt eine entspanntere Beziehung zur Körperlichkeit. Wenn Papst Alexander VI. noch mit 70 Jahren Kinder zeugte, stuften die Gläubigen das damals moralisch anders ein, als sie es heute tun würden. Wobei sich die Geschichtsschreibung bisweilen ganz bewusst der Manipulation überführen lässt.

So war das spanische Königspaar Ferdinand und Isabella böse auf die aus Spanien stammenden Borgia Päpste. Der Monarch hatte sich zunächst von jüdischen Bankern den Krieg gegen die Mauren finanzieren lassen, um dann die nicht bekehrten Juden des Landes zu verweisen. Sie waren erzürnt, als Papst Alexander VI. den Hafen von Neapel den jüdischen Flüchtlingen öffnete, und unterzogen ihn einer sogenannten *Damnatio memoriae*. Das heißt, sie ließen sein Andenken tilgen und reduzierten ihn dabei auf ein solitäres Fehlverhalten.

In seinem Fall handelte es sich bei diesem Fehlverhalten um seine vermeintlichen sexuellen Ausschweifungen, das damals allerdings gesellschaftliches Allgemeingut war. Es gehörte zum guten Ton und war Zeichen von

Lebensfreude und -kraft, erotischen Bedürfnissen weitgehend unkontrolliert nachzugeben.

So etwa verfasste der hochgebildete Silvio Piccolomini, der spätere Papst Pius II., das erotische Werk *Die Geschichte zweier Liebender – Sexualität in der Hochkultur.* Es ging um Erotik, nicht etwa um Pornografie, und sie war allgegenwärtig. Im 15. Jahrhundert drehte sich alles um die Sinnlichkeit. Der Humanist Lorenzo Valla schrieb ein wuchtiges Buch mit dem Titel *Von der Lust.* Sein Kollege Pietro Arentino legte das Werk *Kurtisanengespräche* vor. Der Zeitgeist, könnte man sagen, war entspannt. Sexualität galt als etwas Gutes und Schönes.

Um wieder zu Raffael zurückzukommen: Er malte ein Fresko für Agostino Chigi, einen der damals reichsten Männer der damaligen Welt. *Triumph der Galatea,* hieß es. Es zeigt die Nymphe Galatea auf einer großen Muschel im Meer, gezogen von zwei Delfinen, umgeben von wildem Treiben anderer Nymphen. Das auf der griechischen Mythologie beruhende weltberühmte Fresko ist heute in der Villa Farnesina in Rom zu besichtigen.

Nymphen in der Kunst und Kurtisanen im Bett. Sie hielten Hof mit Dichtern und Rezitatoren. Die Herren kamen nicht zu ihnen wie in ein Bordell, es ging vielmehr um die Entdeckung der hohen Kunst der Liebe.

Raffaels Lieblingsschüler Giulio Romano, der an der Villa Farnesina mitgearbeitet hatte, errichtete dann in Mantua ein Pendant zur Villa Farnesina für Federico II. Gonzaga, ein Bacchanal der nackten olympischen Göttinnen und Götter.

Dieser damals herrschende Zeitgeist regte die Menschen des Südens jedenfalls bei weitem nicht so auf, wie es heute scheint, dennoch prägt er unser Bild von der damaligen Kirche. Dies vor allem aufgrund einer königlichen Message Control, die selbst über die Jahrhunderte perfekt funktionierte.

Sexualität und Sinnlichkeit, Körper und Geist vereint. Das bedeutete Erotik mit Feinsinn und auch die Kirche entzog sich dem nicht.

Der prüde Norden Europas hatte dafür allerdings wenig Verständnis. Luther nannte die Renaissance-Städte »Hurenorte« und den Papst eine inkarnierte »Hure Babylons«. Der Norden stellte den Papst gar als Antichristen hin. Die Italiener und die katholische Kirche befürchteten einen Reputationsverlust und Repressalien. Deshalb entschieden sie sich für eine 180-Grad-Wendung und ließen gleich einmal in der Sixtinischen Kapelle alle Genitalien überkleben.

Die Feigenblatt-Doktrin entstand, ausgehend von deutschen Landen. Die Reformation schaffte die Libido der Renaissance ab. Von nun an galt Strenge. Sexualität verwandelte sich in etwas Unaussprechliches.

Interessant ist in diesem Zusammenhang auch, dass es der Kirche bereits im 12. Jahrhundert um den Schutz der Frau ging, was in der Geschichtsschreibung zu kurz kommt. Beim sogenannten Zweiten Laterankonzil 1139 schuf der Klerus die Ehe für alle. Davor gab es die Ehe nur für Aristokraten. Die Ehe für alle erlaubte es den Angestellten, den Mägden und Knechten, zu heiraten. Für die Frauen war das eine soziale Absicherung.

Trotzdem heißt es: Kirche und Sexualität, um Himmels willen, das lief ja schon immer gewaltig schief. Die Wahrheit ist auch hier: Die Kirche konnte sich nie ganz aus den gesellschaftlichen Strömungen herausnehmen, zum Glück, weil sie das schon früh von den Menschen entfernt hätte. Was früher war, können wir ihr heute aber auch in diesem Punkt nicht vorwerfen.

Die Änderungen im Umgang mit diesem heiklen Thema sind weiterhin natürlich kein kirchliches, sondern ebenfalls ein gesamtgesellschaftliches Phänomen. Um dafür ein wohlbekanntes Beispiel zu nennen: »Wer zweimal mit derselben pennt, gehört schon zum Establishment«, hieß es noch vor fünfzig Jahren. Die freie Liebe war damals auch so etwas wie Religion, könnten wir sagen. Heute kann es in Spanien und in nordischen Ländern einen Mann vor Gericht bringen, wenn er einen Flirt mit einer Frau beginnt. So prüde war die Kirche nicht einmal in ihrer finstersten Zeit.

Das Ganze zeigt aber auch, dass die Kirche unklug und ungeschickt in ihrer Politik war. Sie wehrte sich nicht gut und konsequent genug gegen die falschen Zuschreibungen. Sie schaffte es nicht, ihr Narrativ von der Möglichkeit eines Aufstiegs des Menschen in eine andere Dimension, das unabhängig von jeglichem Zeitgeist immer genau die gleiche Geltung hat, durchzusetzen.

Die Inquisition und der Fall Galilei

Auch der Fall Galileo Galilei zeigt, wie leicht ungenaue oder falsche Erzählungen das Bild der Geschichte verändern und das der Kirche verzerren können.

1608 ließ der Universalgelehrte Galilei in der Venezianischen Staatsuniversität in Pisa die ersten Wissenschaftler durch sein neuartiges Fernrohr blicken. Die Herren schüttelten die Köpfe und meinten, das Gerät wäre ein einziger großer Betrug. Immerhin erkannten einige führende Beamte den Wert dieser neuartigen Fernsichtmaschinen.

Mit deren Hilfe ließen sich Piraten und türkische Galeeren schon von Weitem ausmachen. Galilei zog darauf einen florierenden Importhandel mit seinen Fernrohren auf und erregte den Neid seiner Kollegenschaft. Er hatte Geld und die Physiker hassten ihn dafür.

Seine Theorie rund um das heliozentrische Weltbild, in dem nicht die Erde im Mittelpunkt stand, sondern die Sonne, geriet aus ebendiesem Grund unter Beschuss und rief am Ende die Inquisition auf den Plan. Obwohl schon der Domherr Nikolaus Kopernikus im Jahrhundert davor, konkret in seinem Todesjahr 1543, die nach der Antike vergessene These veröffentlicht hatte, dass die Erde sich in doppelter Rotation befinde.

Obwohl sich das heliozentrische Modell noch nicht durchgesetzt hatte, benutzten Seefahrer Kopernikus' Berechnungen längst, um ihre Position auf dem offenen Meer zu bestimmen. Die Mehrheit der Menschen hielt sich aber an das, was sie morgens und abends sah: die Sonne auf- und untergehen.

Kopernikus stand dabei nie im Verdacht, verrückte Ideen in die Welt zu setzen. Wissenschaftler wie Johannes Kepler waren der gleichen Meinung wie er. Er kommunizierte sogar mit Galilei. Kepler betrachtete sich als »Priester am Buch der Natur«, wenn er über die Planeten und über die Erdrotationen sprach, was für ein schöner Ausdruck.

Es war also am Anfang nicht die Kirche, die auf Galilei seiner Thesen wegen Druck machte, es waren vielmehr seine eigenen Kollegen. Sie bezogen sich in ihrer Intrige geschickt auf eine Kleinigkeit. Im Buch Josua steht geschrieben, dass Josua als Heerführer die Sonne stillstehen ließ, um die Feinde zu besiegen: »Damals, als der Herr die Amoriter den Israeliten preisgab, redete Josua mit dem Herrn«, heißt es da. »Dann sagte er in Gegenwart der Israeliten: Sonne, bleib stehen über Gibeon, und du, Mond, über dem Tal von Ajalon! Und die Sonne blieb stehen, und der Mond stand still, bis das Volk an seinen Feinden Rache genommen hatte.« Das ließ sich als Widerspruch zu Galileis Weltbild auslegen. Wenn sich die Erde um die Sonne dreht, ergibt das Anhalten der Sonne keinen Sinn mehr. Genau das war das Argument, das Galileis Physikkollegen gegen ihn verwendeten und der Inquisition vorlegten.

Wäre es nur nach den Theologen und Kirchenvätern gegangen, wäre es vielleicht gar nicht zum Prozess gekommen. Thomas von Aquin etwa war schon zu seiner

Zeit der Meinung gewesen, Bibelstellen müssten einer übertragenen Bedeutung unterlegt werden, wenn überprüfbare Tatbestände dem Bibeltext widersprächen. Dieser Gedanke setzte sich hier nicht durch. Kardinal Robert Bellarmin wiederum, ein Bewunderer Galileis, war überzeugt, das Durchschauen der Schöpfung übersteige den menschlichen Geist. Wer behaupte, es verstehen zu können, der leide an *superbia*, an Hochmut.

Nach mehr als zwanzig Jahren des Streits musste Galileo Galilei am 22. Juni 1633 dennoch seinen angeblichen Irrlehren abschwören. Ketzer hatten sie ihn genannt. Um sein Leben zu behalten, widerrief er. Heute würden wir sagen: Die Community zwang ihn zu schweigen. Aber es war eben ursprünglich nicht die Kirche, sondern seine eigene Community in der Wissenschaft, ein elitärer Mob aus Neidern.

Der Vatikan ließ den Galilei-Prozess übrigens neu aufrollen. Galilei wurde posthum rehabilitiert, auch auf Drängen des Wiener Kardinals König. Wenn man im Vatikan, in der päpstlichen Akademie der Wissenschaft im Hörsaal steht, sieht man zwei große Tafeln. Eine zeigt: Hier wurde Galilei verurteilt. Die andere: Hier wurde er rehabilitiert. Sehenswert.

Bei der Aufklärung wurde auch klar: Die Kirche hatte dem Druck jenes Mobs nicht aus Zweifel an Galileis Erkenntnissen, sondern aus Angst vor einer Unruhe, der sie womöglich dann nicht mehr Herr werden könnte, nachgegeben.

Zeitgeist, Geschichtsschreibung, Logik und Vernunft. Diese Dinge haben immer schon ein inhomogenes Gemenge gebildet. Nehmen wir den Zeitgeist im Jahr 2022. »Aufgrund der schweren Menschenrechtsverletzungen durch den geistesgestörten Putin lehnen wir grundsätzlich die Behandlung russischer Patienten ab«, schrieb genau so die Direktorin der Universitätsklinik München in einem offiziellen Papier. Wo bleiben Vernunft und Logik und was wird die Geschichtsschreibung daraus machen? Immerhin verstieß sie damit gegen den Hippokratischen Eid und seine Neufassung, das Genfer Gelöbnis der Ethik. Es besagt, dass Ärzte Menschen helfen sollen, egal welcher Ethnie oder Religion sie angehören. Warum soll eine Universitätsklinik russische Bürger, die ärztliche Hilfe benötigen, abweisen? Im Sog medialen Übereifers werden plötzlich Grundrechte und Gelöbnisse ausgehebelt, als gäbe es ein höheres Gut: die eigene Moralvorstellung oder das, was dominante Minderheiten darunter verstehen.

Auch dies wäre ein Grund, uns auf die Himmelsleiter und auf Thomas von Kempens Anleitung für den Aufstieg zu besinnen. Denn in Zeiten der Herzlosigkeit und sozialen Kälte leidet der Mensch an einer spirituellen Krankheit, der Gottesdemenz, die solches Verhalten erst ermöglicht. Die Probleme dieser Welt, egal ob im Großen oder im Kleinen, sie entstehen aus den Dingen, die der große christliche Mystiker uns zu überwinden aufträgt, wobei er uns zeigt, mit welchen Gedanken und Einstellungen wir das schaffen können.

Dabei ging es ihm gar nicht um die Probleme der Welt. Es ging ihm um jeden einzelnen Menschen. Er versuchte, sich mit Worten und Bildern aus dem christlichen Narrativ so nahe wie es einem Menschen möglich ist an das große Geheimnis heranzutasten. Darin liegt die Kraft seines Textes und deshalb wird er in tausend Jahren noch genauso Gültigkeit haben wie jetzt. Er wird so lange Gültigkeit haben, wie es Menschen gibt. Oder bis zum jüngsten Gericht, wie es Thomas von Kempen wohl formulieren würde.